Paul Humburg

Die ganz große Liebe

28 Betrachtungen für verlorene Leute
über das Gleichnis
von den verlorenen Söhnen

Mit einem Lebensbild Humburgs

Herausgegeben von
Arno Pagel

Verlag der
Francke-Buchhandlung GmbH
Marburg an der Lahn

CIP-Kurztitelaufnahme der Deutschen Bibliothek

Humburg, Paul:
Die ganz große Liebe : 28 Betrachtungen für verlorene Leute über das Gleichnis von
d. verlorenen Söhnen ; mit e. Lebensbild Humburgs / Paul Humburg. Hrsg. von
Arno Pagel. – Marburg an d. Lahn : Francke, 1987.
(TELOS-Bücher ; 1298 : TELOS-Paperback)
ISBN 3-88224-566-2
NE: GT

Alle Rechte vorbehalten
© 1987 by Verlag der Francke-Buchhandlung GmbH
3550 Marburg an der Lahn
Umschlaggestaltung: Herybert Kassühlke

Gesamtherstellung:
St.-Johannis-Druckerei, 7630 Lahr/Schwarzwald
Printed in Germany · 23338/1987

TELOS-Paperback Nr. 1289

Inhalt

Vorwort	6
Zwei Söhne	9
Gib mir!	10
Nicht lange danach	12
Fern über Land	14
Gottes schwarzer Hund	16
Ein schwerer Gang	18
Verlassen	20
Der richtige Schlag	21
Und ich?	23
Ich will zu meinem Vater gehen	25
Das entscheidende Wort	28
Nicht wert	29
Heute	31
Ein Vaterherz	33
Zuvorkommende Gnade	35
Eine gefährliche Ecke	37
Der unterbrochene Satz	39
Freude der Errettung	41
Ein kalter Guß	43
Ein harter Mann	45
Unerhört	47
Die ganz große Liebe	48
Sie haben Liebe so nötig	50
Fromm, aber nicht froh	52
Eine scharfe Zunge	54
Gnade auf Probe	56
Im Vaterhaus fremd	58
Du solltest fröhlich sein	60
Paul Humburg	63

Vorwort

Mit dieser Neuauflage von Paul Humburgs »Die ganz große Liebe« wird noch einmal eine Schrift zugänglich gemacht, die mit zu dem Schönsten und Tiefsten gehört, was in den letzten Jahrzehnten aus dem Geist und Wesen des neutestamentlichen Evangeliums heraus verfaßt worden ist.

Im Jahre 1935 erschien das Heft zum erstenmal. Es war die Zeit, in welcher der evangelische Kirchenkampf im Dritten Reich zum tapferen Bekenntnis des biblischen Glaubens Alten und Neuen Testaments gegen Irrlehre und Verführung in mancherlei Ausprägungen herausforderte. Mit an der vordersten Front stand Paul Humburg. Seine Sprache war klar, scharf und abweisend, wo er die Wahrheit der Heiligen Schrift verkürzt oder verraten sah. Aber nicht das abwehrende Nein war ihm das wichtigste Wort. Etwas ganz anderes lag ihm viel mehr am Herzen: rufen, locken, einladen zum rettenden Evangelium von Jesus Christus. Immer blieb er der Zeuge der »ganz großen Liebe«, mit der Gott in seinem Sohn Jesus Christus eine verlorene Welt suchen gegangen ist.

Der Herzton solcher Liebe klingt durch das hier vorgelegte Büchlein, in dem das Gleichnis vom verlorenen Sohn in 28 Betrachtungen ausgelegt wird. So überzeugend habe ich das nirgendwo sonst herausgestellt gefunden, daß es sich im Grunde um zwei verlorene Söhne handelt: um einen gottlosen und einen »frommen«. Und der eigentlich Verlorene ist der »Fromme«! Das Mühen des Vaters gerade um ihn, wie es sich in dem Satz »Da ging der Vater hinaus und bat ihn« zusammenfaßt, ist für Paul Humburg das »Herrlichste in dieser ganzen herrlichen Geschichte«.

Ich bin gewiß, daß der Leser sagen wird: Wie gut, daß dieses »herrliche« Büchlein noch einmal gedruckt worden ist! Es ist eine wundervolle Einladung, die darin ausgesprochen wird. Sie lautet – so Humburgs eigene Worte: »Es hat sich schon viel Leid und Sünde unter Jesu Arme geflüchtet. Es ist aber noch Raum da.«

Arno Pagel

Ein Mensch hatte zwei Söhne.
Und der jüngste unter ihnen sprach zu dem Vater: Gib mir, Vater, das Teil der Güter, das mir gehört. Und er teilte ihnen das Gut.
Und nicht lange danach sammelte der jüngste Sohn alles zusammen und zog ferne über Land; und daselbst brachte er sein Gut um mit Prassen.
Da er nun all das Seine verzehrt hatte, ward eine große Teuerung durch dasselbe ganze Land, und er fing an zu darben.
Und er ging hin und hängte sich an einen Bürger des Landes; der schickte ihn auf seinen Acker, die Säue zu hüten.
Und er begehrte seinen Bauch zu füllen mit Trebern, die die Säue aßen; und niemand gab sie ihm.
Da schlug er in sich und sprach: Wieviel Tagelöhner hat mein Vater, die Brot die Fülle haben, und ich verderbe im Hunger!
Ich will mich aufmachen und zu meinem Vater gehen und zu ihm sagen: Vater, ich habe gesündigt gegen den Himmel und vor dir und bin hinfort nicht mehr wert, daß ich dein Sohn heiße; mache mich zu einem deiner Tagelöhner!
Und er machte sich auf und kam zu seinem Vater. Da er aber noch ferne von dannen war, sah ihn sein Vater, und es jammerte ihn, lief und fiel ihm um seinen Hals und küßte ihn.
Der Sohn aber sprach zu ihm: Vater, ich habe gesündigt gegen den Himmel und vor dir; ich bin hinfort nicht mehr wert, daß ich dein Sohn heiße.
Aber der Vater sprach zu seinen Knechten: Bringet das beste Kleid hervor und tut es ihm an, und gebet ihm einen Fingerreif an seine Hand und Schuhe an seine Füße,
und bringet ein gemästet Kalb her und schlachtet's; lasset uns essen und fröhlich sein!
Denn dieser mein Sohn war tot und ist wieder lebendig geworden; er war verloren und ist gefunden worden. Und sie fingen an, fröhlich zu sein.
Aber der älteste Sohn war auf dem Felde. Und als er nahe zum Hause kam, hörte er das Gesänge und den Reigen
und rief zu sich der Knechte einen und fragte, was das wäre.
Der aber sagte ihm: Dein Bruder ist gekommen, und dein Vater hat ein gemästet Kalb geschlachtet, daß er ihn gesund wieder hat.
Da ward er zornig und wollte nicht hineingehen. Da ging sein Vater heraus und bat ihn.

Er aber antwortete und sprach zum Vater: Siehe, so viele Jahre diene ich dir und habe dein Gebot noch nie übertreten; und du hast mir nie einen Bock gegeben, daß ich mit meinen Freunden fröhlich wäre. Nun aber dieser dein Sohn gekommen ist, der dein* Gut mit Huren verschlungen hat, hast du ihm ein gemästet Kalb geschlachtet.
Er aber sprach zu ihm: Mein Sohn, du bist allezeit bei mir, und alles, was mein ist, das ist dein.
Du solltest aber fröhlich und gutes Mutes sein; denn dieser dein Bruder war tot und ist wieder lebendig geworden; er war verloren und ist wieder gefunden.

* Urtext   Lukas 15, 11–32

Zwei Söhne

»Ein Mensch hatte zwei Söhne.« (V. 11)

Mit diesem Satz beginnt das Gleichnis vom verlorenen Sohn, das doch eigentlich das Gleichnis von zwei verlorenen Söhnen ist. Mancher denkt: »Der verlorene Sohn, das ist der ganz schlimme; die Geschichte geht mich nichts an.« Aber eigentlich ist sie die Geschichte von dem andern verlorenen Sohn und zeigt uns, daß nicht nur die ganz schlimmen, sondern daß gerade die äußerlich ganz »frommen«, ehrbaren Leute ohne Gott verloren sind. Der ältere Bruder in diesem Gleichnis, selbstgerecht, lieblos und hart, ist auch verloren, ja, der ist am Schluß eigentlich *der verlorene Sohn,* der draußen steht. Er war immer fromm, aber nie froh; ganz nahe beim Vater, aber innerlich ihm weltenfern und ohne Gemeinschaft mit ihm. Das Gleichnis vom verlorenen Sohn ist also eigentlich gar nicht für die bestimmt, die wir als die ganz Fremden und Fernen meist damit einladen wollen, sondern für die, die »ganz nahe« sind. Ganz nahe und doch draußen! (vgl. V. 2).

Es waren beides »verlorene Söhne«, der eine leichtsinnig, der andere kaltsinnig und hart, der eine ungerecht und verkommen, der andere selbstgerecht und stolz, der eine liederlich, der andere geizig, der eine zuchtlos, der andere herzlos. Der Vater konnte auf keinen von beiden stolz sein. Sie gehen beide unter, wenn sie nicht gerettet werden.

Wir sind alle verloren. Wir gehen nicht verloren, wir *sind* verloren. Die einen versinken im Schlamm der Sünde, grauenvoll, ekelhaft. Und die andern? Es gibt eine *Hintertür in die Hölle* für die Mitglieder christlicher Vereine, Gemeinden und Gemeinschaften. Es gibt einen *Bürgersteig am breiten Weg,* der nicht so ganz durch den Schlamm führt; aber die darauf wandern, sind auch verloren. Sie sind auf dem breiten Weg. Ob eine Blume zertreten im Staube liegt oder in der Vase prankt: seitdem sie von der Wurzel abgeschnitten ist, ist sie dem Tode verfallen.

Zwei Söhne sind es, aber nur von einem lesen wir, daß er umkehrt. Der andere stößt die Gnade von sich und geht unter. In jeder Hinsicht, beim Verlorengehen und beim Gerettetwerden, ist es gerade der andere, von dem man es nicht erwartet hätte. Der verlorene Sohn kommt an des Vaters Herz, und der ehrenhafte ältere Bruder wendet dem Vater mit klarer Entscheidung den Rücken. Mancher kommt noch zurecht, von dem man es nicht erwartet hätte; und mancher geht unter, von dem es keiner dachte. Wir werden uns einmal an jenem Tage wundern. Viele Wege, die in gleicher Weise begonnen wurden, enden an sehr verschiedenen Stellen. Zwei Schächer hingen auf Golgatha. Es war derselbe Hügel, auf dem sie verscharrt wurden; dieselben Kriegsknechte brachen ihnen die Beine; derselbe Abend war's, an dem ihr Leben schloß. Und wie sie erwachten, da war der eine in der Verdammnis, der andere im Paradies.

Verloren sind wir alle. Die Frage ist, ob *wir* – gerettet werden. Jesus macht nicht unnötig scharfe Worte und ist kein Freund einer überspitzten Rede; aber er sagt einmal (Luk. 17, V. 34–36): »Zwei werden liegen auf einem Bett. Einer wird angenommen, der andere wird verlassen werden. Zwei werden miteinander mahlen. Eine wird angenommen, die andere wird verlassen werden. Zwei werden auf dem Felde sein. Einer wird angenommen, der andere wird verlassen werden.« Die Frage nach der ewigen Errettung ist nicht eine Frage für mehrere, sondern für jeden allein. Niemand kann ihr ausweichen. Sie geht uns ganz persönlich an. Ein Mensch hatte zwei Söhne, beide verloren. Einer wurde gerettet, der andere ging an seinen Ort. Welcher von beiden bist du?

Gib mir!

»Gib mir das Teil der Güter, das mir gehört.« (V. 12)

»Gib mir!« Das war die Sprache des jüngeren Sohnes, mit der er vor seinen Vater trat. Es ist die Sprache der ganzen Menschheit, vom Sündenfall des ersten Menschen an. Daher kommt all unser Leid, daß wir haben und herrschen wollen, daß wir nur an uns selbst denken. Das war der Anfang aller Sünde, daß der Mensch sprach: »Gib mir!« im Blick auf das, was ihm Gott versagt hatte, und daß er sich nahm, was ihm nach Gottes Willen vorenthalten war. Wir alle nehmen immerzu in alle Taschen. Das ist der innerste Trieb in all unserer Sünde, dies vorderste Wort: »Gib mir!«, das Wort der Selbstsucht.

»Das Teil der Güter, das mir gehört.« Daher kommt so viel Zank und Streit, daß jeder es sich ausrechnet und dann ganz genau weiß, was ihm gehört, was andere ihm schuldig sind, was ihm zukommt. Darüber ist schon viel Zwist in den Familien entstanden. Den ganzen Tag sagt jeder zum andern: »Gib mir das Teil, das mir gehört.« Wir beschäftigen uns alle sehr gründlich mit dem, »was man verlangen kann«, worauf wir bestehen müssen als auf unserem Anspruch, und wir denken so wenig über das nach, was wir andern schuldig sind, an das Teil, das andern gehört. Rücksichtslos fordern wir unser Teil, unser Teil an Bequemlichkeit, an Dienstleistungen der andern, an Achtung und Rücksichtnahme, an Opfern, die man für uns bringen soll. Und wir versetzen uns so wenig in die Lage der andern hinein, was unser Fordern ihnen an Mühe und Entsagung auferlegt, wieviel Aufmerksamkeit wir von ihnen verlangen, wieviel Anspannung ihrer Kräfte, wieviel Freundlichkeit und Liebe. Und ebenso vergessen wir, daran zu denken, welches das Teil ist, das *ihnen* gehört, wie wir ihnen gegenüber Entgegenkommen beweisen, Liebe üben und Freundlichkeit an den Tag legen müßten. Wie oft rechnet man es aus und überlegt, wer wohl den ersten Gruß schuldig ist, wer den ersten Schritt tun müßte, wer das erste Wort zu sagen hätte. Und immer größer wird das Teil, das nach unserer Meinung uns gehört, und immer weniger denken wir an das Teil, das nach göttlichem und menschlichem Recht dem andern gehört. Gib mir! Fast unser ganzes Leben und all unser heimliches Empfinden und unsere Triebe werden regiert von diesem kurzen, scharfen, allmächtigen Kommando: Gib mir! Das Ich sitzt auf dem Thron und erwartet selbstverständlich der anderen Unterwerfung.

Wie oft ist auch in den Familien, kaum daß Vater und Mutter die Augen geschlossen haben, da, wo immer Friede und Eintracht geherrscht haben, der Zank und Streit eingekehrt über mein und dein! Was man nicht für möglich gehalten hätte, das verursacht dies eine Wörtchen: Gib mir! Auf einmal springt eine Streitfrage auf, über der man sich erhitzt, über der alte Liebe vergessen wird und gemeinsames Leid in den Hintergrund tritt. Und scharf und spitz wie

Schlachtschwerter ruht in den Händen eines jeden Beteiligten das Wort: Gib mir!

Tief ist der Schaden und sitzt fest im Menschenherzen. Er konnte nur geheilt werden dadurch, daß Gott gab. Er, der einzige, der fordern konnte: »Gib mir!«, *der alles fordern konnte* und auf alles Anspruch hatte, *gab sein alles,* seinen eingeborenen Sohn, um durch sein Geben, seine selbstlose Liebe unser Nehmen, unsere Selbstsucht zu heilen.

»Und er teilte ihnen das Gut.« Wenn solch ein Verlangen auftritt, dann hilft es nichts, mit Gewalt zu wehren. Ein kurzer Satz. Er beschreibt wohl eine lange Geschichte. Es wird eine innere Not des Vaters gewesen sein, ein Kampf, als diese Zumutung an ihn herantritt. Aber er weiß, es hat ja keinen Zweck, mit Gewalt zu halten, was ziehen will. Reisende Leute muß man nicht aufhalten. Man muß sie gehen lassen. Man kann die Kinder nicht zwingen zu ihrem Glück. Sie müssen ihre Erfahrung machen. Sie müssen durch schwere Wege erst zurechtkommen. Aber in das Teil, das dem jüngsten Sohn gehört, hat der Vater viele Gebete mit hineingegeben. Er muß ihn aus seiner Hand in Gottes Hand befehlen: Bring du ihn mir zurück! Auch der himmlische Vater muß die Menschen oft gehen lassen. Sie wollen es nicht anders. Und mancher muß später zugeben: All mein Leid, es ist das Teil, das so recht eigentlich mir gehört, das ich mir selbst erwählt habe. Ich wollte es ja nicht anders. Wohl dem, der dann an das Vaterhaus denkt!

Nicht lange danach

»Nicht lange danach sammelte der jüngste Sohn alles zusammen und zog fern über Land.« (V. 13)

»Gib mir das Teil der Güter, das mir gehört!« So hatte schroff und kalt der Sohn zum Vater gesprochen. Das Evangelium berichtet uns nichts von Einwendungen des Vaters, sondern erzählt kurz und knapp: »Er teilte ihnen das Gut. Und nicht lange danach...« Der »verlorene Sohn« ist also nicht sofort aus dem Vaterhaus hinweggezogen. Es verging wohl doch noch eine Zeit des Besinnens. Er hat nicht alsbald seinen Vater verlassen. Wurde er gewarnt? Von seinem Vater? Von treuen Freunden? Vielleicht von einem erfahrenen Meisterknecht? Hat ihn der Anblick seines trauten Vaterhauses getroffen? Hat sein Gewissen Einspruch erhoben? Vielleicht hatte er doch nur mit dem Gedanken gespielt, in die Freiheit, in die Ferne zu ziehen. Aber als es nun geschehen sollte, da kam doch noch eine Zeit der Besinnung und des Zögerns.

Es hat auch schon manch einer mit dem Gedanken gespielt, mit Gott völlig zu brechen, mit der christlichen Art seines Vaterhauses und der Gemeinschaft der wahren Kinder Gottes. War es so bei dir? Hat da nicht dich auch eine Stimme gewarnt? Oder waren es gar viele Stimmen? Der Vater, die Mutter? Und Gottes Wort, das treue Wort Gottes, das uns durchaus nicht will verlorengehen lassen? Es hat sich dir wohl auch sperrend in den Weg gestellt? Ohne Zweifel wird es jeder verlorene Sohn zugeben müssen: Du bist gewarnt worden. Es hat auch bei dir einen Kampf gegeben, ehe du den Gedanken, mit dem du anfangs nur spieltest, in die Tat umgesetzt hast. Es wird sich einmal niemand entschuldigen können, er sei nicht gewarnt worden.

Aber nicht lange danach – siegte die Sünde, der Teufel, der Verführer. Du gingst in dein Elend hinein.

Nicht lange danach! Wie hat die Seele sich gewehrt und verzweifelt gekämpft gegen das Locken des Versuchers! Aber es war nur kurz wie das Ringen eines Ertrinkenden, der sich emporzuarbeiten sucht, aber doch untergeht. Dann ist alles still. Die Sünde war zu stark, die Verlockung war zu süß.

Die Araber haben ein Sprichwort: Die Sünde hat fünf Finger. Zwei legt sie dem Menschen auf die Augen: er soll nicht sehen, wohin die Reise geht; zwei legt sie ihm auf die Ohren: er soll nicht hören die Stimme der Warnung; und einen preßt sie ihm auf den Mund: er soll sich nicht mucken. Aber sündigen soll er.

»Nicht lange danach sammelte er alles zusammen und zog fern über Land.« So, wie der verlorene Sohn von seinem Vater wegzog, so haben sich viele von Gott losgemacht. Vielleicht waren sie in der Jugend nahe bei ihm und haben sein Wort gern gehört und seine Lieder mit Freuden gesungen. Aber dann kam die Sünde und trennte sie von ihrem Gott. Und nun kannten sie nur ein Verlangen: nur weg vom Heiland, los von der Ermahnung, von den Erinnerungen an die Liebe und Gnade. Nur fort, nichts wie fort! Es ist nicht mehr auszuhalten in seiner Gemeinschaft und Nähe. Unter den Augen des Vaters durfte man so vieles nicht mitmachen, und man wollte es doch mitmachen. Dem verlorenen Sohn kam die liebe, traute Luft seines Vaterhauses vor wie Kerkerluft. Und darum hinaus, fern über Land!

Ob wohl jemand dies liest, der fromme Eltern hatte und von ihnen im Zorn weggegangen ist? Seither hast du keine Verheißung mehr, die dir leuchtet wie ein Stern. Das erste Gebot, das Verheißung hat, lautet: »Du sollst deinen Vater und deine Mutter ehren.« Und es steht geschrieben: »Ein Auge, das den Vater verspottet, und verachtet, der Mutter zu gehorchen, das müssen die Raben am Bach aushacken und die jungen Adler fressen« (Spr. 30, 17). Ist dein Leben wie verhext? Kommt Unglück über Unglück? Es will dir nichts gelingen? Vielleicht bist du unter dem Fluch wegen deiner Sünde gegen deine Eltern. Und das wird nicht besser, weil Gottes Zorn gegen dich ist, bis du dich gebeugt hast und hast um Vergebung gebeten. Es ist Gottes Wort, das dich dazu auffordert, und es ist Gottes Liebe, die dir die Kraft dazu geben will, wenn du dich zu ihm wendest.

Fern über Land

>»Der jüngste Sohn zog fern über Land, und daselbst brachte er sein Gut um mit Prassen.« (V. 13)

Der Weg des verlorenen Sohnes ist ganz klar von dem Augenblick an, wo er sein Vaterhaus verläßt. Wenn er dem Vater den Rücken wendet, dann kann er nicht in der Nähe bleiben. Dann muß er fern über Land ziehen. Das Vaterhaus hat eine so mächtige Anziehungskraft. Wollte er es verlassen, so durfte er auch nichts mehr davon sehen und hören und durch nichts mehr daran erinnert werden. Niemand sollte ihm mehr etwas zu sagen haben. Er wollte ganz frei sein von der väterlichen Aufsicht. Und darum zog er, sein gutes Stück Geld in der Tasche, in die weite Welt hinaus.

Sind nicht manche unter uns auch wie der verlorene Sohn fern über Land gezogen? Sie wollten nichts mehr hören von Gott, nichts mehr sehen vom Vaterhaus. Kein Bild, keinen Spruch, kein Lied mochten sie mehr in der Erinnerung behalten. Von dorther sollte ihnen kein Befehl mehr kommen. Sie wollten los sein von der Zucht des göttlichen Vaterhauses. Dorthin sandten sie auch keine Wünsche, keine Gebete mehr. Von dorther kam auch kein Segen mehr zu ihnen. Sie hatten sich genug geärgert an dem Glaubensleben ihres Elternhauses oder ihrer Umgebung in ihrer Jugendzeit, und die Gemeinschaft der Gläubigen war ihnen ärgerlich geworden, ihre Lieder waren ihnen zuwider. Das will man nicht mehr ertragen. Darum zieht man fern über Land. Die Lieder deiner Jugend sind wohl verstummt? Jetzt hörst du ganz andere Lieder. Der Weg ist ganz klar. Am Ende der Reise, in der Hölle, wirst du nie mehr gestört durch fromme Lieder und die Gebete der Gläubigen. Fern über Land. Ein Schritt zieht den andern nach sich. Die Richtung vom Vaterhaus hinweg führt in die Verdammnis.

Fern über Land; und doch kommt zu dir immer wieder, von Gottes Vaterhaus fern, Gottes Liebe dir nach, die das Verlorene sucht. Und indem du dies liest, schickt er dir Botschaft fern über Land. »Von dem Vaterhaus fern glänzt dir nirgends ein Stern. O verlornes Kind, komm heim!«

»Daselbst brachte er sein Gut um mit Prassen«, indem er heillos und ausschweifend lebte. Das kennt man ja: als ob das Geld kein Ende nähme. Man führt, wie man so sagt, »ein lustiges Leben«. Es finden sich »Freunde« und »Freundinnen« ein, solange der Beutel voll ist, Aussauger und loses Gesindel, die die Gutmütigkeit mißbrauchen, und bald ist das Geld durchgebracht. Von dem allem merken die Leute nichts, bis es zu spät ist. Die *Sünde* macht nicht nur schlecht, sie *macht auch dumm*. Dann rechnet der Mensch nicht mehr. Er jubelt nur und praßt. Die Sünde bringt uns nichts ein. Sie ist der Leute Verderben. Sie bringt uns um unsere Existenz, so wie es bei Adam und Eva war, so daß wir nun anstatt im Paradies zwischen Dornen und Disteln leben.

Ich sah einmal auf der Rückseite einer Karnevalszeitschrift, die mein Gegenüber im Zuge las, eine Reihe lüsterner Bilder. Immer intimer wurde das Verhalten des Pärchens, das da miteinander zechte und praßte. Schließlich zogen sie miteinander ab. Und als Schlußbildchen stand darunter ein weinender Engel mit einer geknickten Lilie. Verlorene Unschuld, verlorene Jugend, verlorene Ehre, verlorene Gesundheit. Es war, als ob die Sünde sich selbst verspottete in diesen Bildern oder als ob der Teufel am hellen, lichten Tage lachte über die Narren, die sich in sein Höllennetz verlaufen. Fern über Land!

Gottes schwarzer Hund

»Da er nun all das Seine verzehrt hatte, ward eine große Teuerung durch dasselbe ganze Land.« (V. 14)

Fröhlich und unbeschwert war der Sohn aus dem Vaterhaus ausgezogen und hatte ein lustiges Leben geführt, mit seinen Freunden gezecht und gefeiert, als hätte das Geld kein Ende.

»Da er nun all das Seine verzehrt hatte.« Also, es war doch ein Ende an dem Geld. Solange er noch etwas hatte, kehrte er nicht um in sein Vaterhaus. Solange es noch einigermaßen geht, bleiben die Menschen auf ihrem Sündenweg und hoffen, daß es noch einmal besser wird. Sie sind zu stolz, nachzugeben. Der Mensch will nicht klein beigeben. Solange er noch etwas hat und noch etwas kann, verharrt er auf seinem Sündenweg. Hast du noch etwas? Muß es denn erst bis aufs äußerste gekommen sein? So möchte ich die fragen, mit denen Gott schon oft gesprochen hat und hat sie treulich zurückgerufen von ihrem Sündenweg.

»Da ward eine große Teuerung über das ganze Land.« Da, in dem Augenblick, als dem jungen Mann sein Geld ausgegangen war, da kam die Teuerung, nicht früher, dann erst. *Gott kann warten.* Diese allgemeine Not brach herein, als auch für jenen seine persönliche Not anfing. Bei gewöhnlichen Preisen hätte er es vielleicht sonst noch eine Zeitlang ausgehalten. Aber nun kam eine Teuerung. Mußte das jetzt gerade kommen?

»Ein Unglück kommt selten allein«, sagt man dann. Vielleicht ist es besser, wir sagen ein anderes Wort: »Gottes Mühlen mahlen langsam, mahlen aber trefflich fein. Wo mit Langmut er sich säumet, holt mit Streng' er's wieder ein.« Die Not ist wie ein Steckbrief, den Gott hinter dem Sünder hersendet, wenn dieser sich aller Arbeit seiner Liebe beharrlich entzieht. So spricht der Herr zur Not: »Halte du ihn mir fest.« Sie ist ein Steckbrief, nicht daß der Mensch bestraft, sondern daß er geliebt und errettet werde. Die *Not* kommt von Gott. Sie ist *wie der schwarze Hund des Hirten,* den er hinter den Schafen herschickt, damit er sie ihm zutreibe und sich keines von seiner Herde verirre.

»Es ward eine *große* Teuerung.« Gott greift fest zu. Wenn er doch nicht so hart schlagen wollte! so denkt der Mensch. Aber alles nimmt ihm Gott. Und doch nur aus Liebe! Gott benutzt die Not, um den verlorenen Sohn herumzubringen. Die Not ist ein Herumholungsmittel sondergleichen in der Hand unseres Gottes. »Wenn Trübsal da ist, so sucht man dich.« Erinnert ihr euch an die Geschichte von Josephs Brüdern? Es wird nur ganz kurz erzählt, wie sie ihren Bruder Joseph verkauft haben. Aber ein gutes Jahrzehnt später, als sie in Ägypten vor dem fremden Gewalthaber standen, der sie zum Tode verurteilen wollte, da fing die Not an, zu ihnen zu reden, und man achte darauf: Was vorher nur ganz kurz und schnell berichtet wurde, als eile man darüber hinweg, das wird jetzt vom Gewissen nach zehn Jahren ganz eingehend geschildert. Da sprachen sie untereinander: »Das haben wir an unserem Bruder verschuldet, daß wir sahen die Angst seiner Seele, da er uns anflehte, und wir wollten ihn nicht erhören. Darum kommt nun diese Trübsal über uns.« Das Gewissen malt ihnen die Einzelheiten ganz genau wieder vor die Augen und zieht seinen Schluß daraus.

So war es auch bei der Witwe zu Zarpat, zu der Elia kam. Als ihr Sohn starb, da fuhr ihr das Wort heraus: »Du, Mann Gottes, bist zu mir hereingekommen, daß meiner Missetat gedacht werde.« Also, es war eine Missetat, an die sie sonst nicht dachte, die jetzt durch die Not obenauf gelegt wurde auf alle ihre Gedanken, Sorgen und Wünsche.

Wie manch einer ist schon durch die Not zum Einsehen gebracht worden, durch Krankheit oder einen Sterbefall auf andere Gedanken gekommen, ja, vielleicht durch das Leid, das seine eigenen Kinder ihm angetan haben, tief gebeugt zurückgekehrt zu seinem Gott. Die Not ist Gottes schwarzer Hund, den er als ein guter Hirte hinter uns herschickt, daß wir uns zu ihm zurückfinden sollen. Du sorgenvoller Vater, du Mutter, verstehst du deinen Gott?

Ein schwerer Gang

> »Und er ging hin und hängte sich an einen Bürger des Landes; der schickte ihn auf seinen Acker, die Säue zu hüten.«
> (V. 15)

Es war ein schwerer Gang, als der verlorene Sohn in der Not, die die Teuerung über ihn gebracht hatte, sich an einen Bürger desselben Landes hängen mußte. So etwas war er nicht gewöhnt. Das Betteln war ihm ein furchtbarer Angang. Solch schwere Wege hatte er in seiner Jugend nicht gehen müssen. Mancher hat schon schwere Wege gehen müssen um seiner Sünde willen. Weil er nicht zu Gott gehen wollte, mußte er zu den Menschen gehen. Weil er Gott nicht bitten wollte, mußte er betteln.

»Der schickte ihn auf seinen Acker, die Säue zu hüten.« Das war sehr demütigend, zumal für einen Juden. Zu Hause wurde das dem geringsten Knecht nicht zugemutet, und die Schweine waren nach jüdischer Anschauung unreine Tiere. Aber was hilft es? Er kann sich dem nicht entziehen. Hunger tut weh. Was tut man nicht alles, wenn die Not gebietet!

Die Welt und der Fürst dieser Welt legen ihren Knechten schmähliche Lasten auf. Aus dem Vaterhaus war der leichtsinnige Sohn ausgezogen. Die Welt sollte seine Freundin sein. Nun wurde er behandelt nach der Art der Welt. In Gottes Dienst täte das wohl keiner. Um des Herrn Jesu willen würde man solche Lasten nicht tragen wollen, die man wohl oder übel im Dienste der Sünde und der Welt auf sich nimmt.

»Er schickte ihn.« Das war eine kalte Behandlung. Er wird den Mann kaum angehört haben, und dann, ohne ihn weiter eines Blikkes zu würdigen, ließ er ihn gehen. Er kann ja auf dem Acker die Schweine hüten. So wurde er an die Arbeit geschickt. Jetzt faßte ihn niemand mehr zart an wie im Vaterhaus. Er mußte sich schicken lassen.

Satans Dienst macht uns das Leben schwer. Er trägt uns viel Tränen ein und Seufzer, Schläge und Demütigungen. Keine guten Worte, aber Fußtritte sind es, die man bei ihm bekommt. Satan ist kein guter Hirte. Laßt mich's euch nur auf den Kopf zusagen: *Es geht euch schlecht beim Satan.*

Gut, daß der Sohn fern vom Vaterhaus war, daß hier keiner von seinen Bekannten vorbeikam und ihn sah. »Hoffentlich sieht mich niemand, der mich früher gekannt hat«, so wünscht heute auch mancher. Dinge, über die man sich innerlichst schämt und die Zähne zusammenbeißt vor Wut, daß man sie tun muß, werden uns zugemutet. Aber was hilft's? Der Sünder hat einen harten Herrn, der schickt ihn auf den Acker, die Schweine zu hüten. Der Weg zur Verdammnis ist sehr dunkel. Freudeleer und traurig ist nicht nur die Hölle; auch der Weg zur Hölle ist schon traurig. Wie manch einer, der es so gut haben könnte im Vaterhaus und der einmal den Frieden und das Glück der Gemeinschaft mit Gott empfunden hat, lebt ein Hundeleben, das schon eine Hölle auf Erden ist. Manche Ehe, manches Familienleben, manche Quälerei im Geschäft und Beruf zeigt den furchtbaren, unheimlichen Schein, den schon die Hölle in das Leben der Menschen vorauswirft.

Das war dem jungen Mann an der Wiege nicht gesungen worden, daß es ihm einmal so gehen würde. Er hat es selbst verschuldet. Es schien ein lustiger Weg; es wurde ein schwerer Gang.

Und von weitem winkt das Vaterhaus. Und die Erinnerung bleibt im Bewußtsein des verlorenen Sohnes wie ein leises, stetiges Rufen. Durch alle Not, die die Sünde über ein Leben heraufbringt, geht dieses Rufen: »Verlorenes Kind, komm heim!«

Verlassen

>»Und er begehrte seinen Bauch zu füllen mit Trebern, die die Säue aßen; und niemand gab sie ihm.« (V. 16)

Es war ein gewaltiger Szenenwechsel im Leben des verlorenen Sohnes. Früher der Reichtum und Wohlstand im Vaterhaus, dann diese plötzliche Trennung von alledem, vor allem vom Herzen des Vaters, und ein lustiges, fideles Leben in Saus und Braus. Und plötzlich – die Not, die harte Not. Er saß bei den Säuen auf dem Acker »und begehrte seinen Bauch zu füllen mit Trebern, die die Säue aßen«. Die ganze Sprache ist schon die Sprache, die in der Not gebraucht wird. Vom Bauch spricht man sonst nicht, außer wenn es einem tatsächlich darum geht, seinen Bauch zu füllen, weil man einfach Schmerzen leidet vor Hunger. Es ist ein derbes Wort. Aber hier paßt es hin. Er konnte nicht versuchen, irgendwo zu speisen, nicht einmal sich an den Tisch setzen und essen. Er suchte sich »den Bauch zu füllen« und hatte nur das Nötigste. Ein Essen war das nicht, jedenfalls kein Essen für einen Menschen. Aber was hilft das? Man muß nur seinen Hunger stillen, weil der Bauch leer ist. Obwohl man den Riemen fester geschnallt hat, muß doch schließlich etwas dasein. Das kannte er früher nicht.

»Und niemand gab sie ihm.« Zu Hause war er bedient worden. Und auch in der Fremde, solange er sein Geld springen lassen konnte, ward ihm nach den Augen gesehen von eifrigen Kellnern. Jetzt kam in sein Leben zum erstenmal das Wort: *niemand*.

»Gib mir das Teil der Güter, das mir gehört!« So fing sein Weg an, und er brachte all sein Gut durch mit Prassen in Gemeinschaft mit seinen Freunden. Jetzt ist er am Ende des Weges: niemand gab ihm das Schweinefutter, nach dem er gierig griff. Niemand! Da waren keine Freunde mehr. Die sogenannten Freunde verlieren sich, sobald die Not hereinbricht.

>»Weh dem, der sich der Welt verdungen;
>denn müd und nackt und ohne Lohn,
>wenn's Glöcklein Feierabend klungen,
>jagt sie den armen Knecht davon.«

Ja, die »Freunde«! Wer den Schmeichlern traut, hat in der Not keinen Freund. Diese falschen Freunde sind wie die Schwalben, die nur solange bleiben, wie gutes Wetter ist. Wenn es kalt wird, ziehen sie davon. Und es wurde sehr kalt um den verlorenen Sohn her. Diese Freunde sind Genossen der Sünde, die wie die Fliegen nur solange da sind, wie es etwas zu essen gibt. Dann sind sie auf einmal fort. Wie die Blutegel, die sich vollgesogen haben, fallen sie ab, und der Mensch bleibt allein. »Niemand gab sie ihm.«

Niemand! Furchtbares Wort: niemand! Wenn man sich nach jemand umschaut und sucht einen, wo vorher so viele waren, so ist niemand da. Und man ist todeinsam oft mitten unter den Menschen. Dann geht es uns wie dem Kranken am Teich Bethesda, um den herum die Leute sich drängten und der doch klagt: »Ich habe keinen Menschen« (Joh. 5, 7).

Aus dem stillen, trauten Vaterhaus war der verlorene Sohn hineingewandert in das Getümmel und den Jubel der falschen Freunde. Jetzt war er todeinsam und ganz allein. Nie vergesse ich den Blick des Menschen, der es auch so getrieben hatte wie der verlorene Sohn und der mir bekannte: »Die anderen hatten das Vergnügen; ich mußte nur immer stehlen, daß wir wieder etwas zu verzehren hatten.« Mitten unter dem Lachen der Freunde. Jetzt war er todeinsam und ganz allein. Neben ihm aber saß immer seine Schuld, und ganz erschrocken schaute ihn seine Seele an.

So ging es auch dem verlorenen Sohn. Als er niemand mehr um sich hatte, mit niemand mehr reden konnte, niemand mehr sah und hörte, da kam er zu sich selbst. Dieses Wort »niemand« war der Wegweiser zu seiner eigenen Seele. Als er ganz verlassen war von allen Menschen, da fand er sich selbst und fand auch seinen Gott wieder.

Der richtige Schlag

»Da schlug er in sich.« (V. 17)

Todeinsam fand sich der verlorene Sohn am Trebertrog der Säue, die er hüten mußte. So weit war er gesunken. Niemand von seinen bisherigen Freunden kümmerte sich um ihn. Er war von allen verlassen. Da ist ihm in der Einsamkeit sein eigenes Ich begegnet. Er kam zu sich selbst. Er schlug in sich.

Bis dahin hatte er sich zerstreut. Bedenken wir, was das Wort »Zerstreuung« bedeutet! So, wie man Körner in die Luft zerstreut, so suchen die Leute sich selbst zu zerstreuen. Da bleibt keine Zeit, nachzudenken, sich auf sich selbst zu besinnen. Manche Menschen haben sich mit solchem Erfolg zerstreut, daß sie nie wieder gesammelt wurden bis in die Stunde ihres Todes. Da sieht man, wie sie alles zusammensuchen und können es nicht zusammenbringen. Da, wo sie durch die tiefste, einsamste Not hindurchgehen müssen, sind sie nicht einmal in sich selbst gesammelt. Es läuft ihnen alles auseinander. Niemand soll meinen, daß er dann sich noch bekehren könne. Der verlorene Sohn war auch nie recht bei sich selbst. Er war, wie so viele Menschen, weil er aus dem Vaterhaus gegangen war, immer unterwegs, im Taumel der Zerstreuungen, in immerwährender Unruhe.

Jetzt, als er ganz allein bei den Schweinen auf dem Acker war, wurde er nüchtern aus seinem Taumel. Er sah auf einmal, wohin es mit ihm gekommen war. Es wurde still um ihn, und es wurde auch still *in* ihm. Da hörte er die Stimme des Gewissens. Da begegnete er seiner eigenen Seele, und sie, der er bisher immer das Wort entzogen hatte, fing an zu reden. Und auch Gottes Wort mischte seine Mahnung hinein. Er kam zu sich selber, nach Hause, und sah bei sich zu Hause die Armut in seinem Inneren. Und seine Seele schaute ihn groß und fragend an: Ist das alles? War das dein Ziel? Sollte es dahin kommen? In der Einsamkeit fangen die Stimmen des Herzens an zu reden. *Der Mensch ist immer nur, was er im Dunkeln ist,* wo er sich vor niemand ziert und vor niemand schämt.

Da schlug er nicht *um* sich, sondern *in* sich. Das war der rechte Schlag. Die meisten Menschen schlagen in der Not um sich. Die andern sind schuld, die Verhältnisse, die Umstände des Lebens, die wirtschaftliche Lage. Wir sind immer auf der Suche nach dem andern, der eigentlich an all unseren Verlegenheiten und Nöten schuld ist.

Der verlorene Sohn schlug nicht um sich. Er hielt keine Reden wieder die göttlichen und menschlichen Ordnungen. Er murrte nicht über die Schicksalsschläge, die ihm alles verdarben, oder über die teuren und schlechten Zeiten. Er schlug in sich. »Wie murren denn die Leute im Leben also? Ein jeglicher murre wider seine Sünde!« (Klagl. 3, 39).

Das, was da auf dem Acker vor sich ging im Herzen des verlorenen Sohnes, das war nicht ein flüchtiges Selbstbedauern, sondern ein Selbstverdammen, kein Sichselbststreicheln und -trösten, sondern ein Sichselbstschlagen. Ein Schlag, der den Leichtsinn auf den Kopf und den alten Menschen ins Herz traf; ein Schlag, der ihm alle Entschuldigungen aus der Hand schlug und der ihn auf die Knie warf, der ihn aus seinem Schwanken und Bedenken emporrüttelte und den Entschluß in ihm reifen ließ: »Ich will mich aufmachen und zu meinem Vater gehen.«

»Er schlug in sich.« Eine solche Erkenntnis der Sünde, ein solches Zu-sich-selbst-Kommen ist schon ein Werk der Gnade. Der böse Feind bringt dann die Leute gern zur Verzweiflung, wenn sie ihren Schaden erkennen. Er hat zwei Spiegel. Den einen hält er dem Menschen vor, ehe er die Sünde begeht: Ach, die Sünde ist so klein. Den andern holt er herbei, wenn die Sünde geschehen ist. Dann schaut der Mensch hinein und spricht wie Kain: »Meine Sünde ist größer, denn daß sie mir vergeben werden möge« (1. Mose 4, 13).

So soll es nicht sein; sondern wer zu sich selbst kommt, der soll auch bald zu Gott kommen. Es ist ein Anfang der Gnade, der erste Anfang der Bekehrung. Man geht nicht mehr weiter. Man steht still. Freue dich, wenn dir über dich selbst einmal die Augen aufgehen, daß du an dir selbst Mißfallen hast! Und ob du darüber dich tief schämst: es ist schon der Anfang der Gnade. »Sei getrost, er ruft dir.«

Und ich?

> »Wie viel Tagelöhner hat mein Vater, die Brot die Fülle haben, und ich verderbe im Hunger!« (V. 17)

Es war der Wendepunkt im Leben des verlorenen Sohnes, als er in der Einsamkeit seiner Not als Schweinehirt in sich schlug und anfing nachzudenken. Da zogen seine Gedanken zum Vaterhaus zurück. Lebhaft sah er es vor sich, das Treiben auf dem Gutshof, die Knechte und Mägde, die Tagelöhner, die in der Ernte noch hinzugezogen wurden. Jede Einzelheit stand lebendig vor seiner Seele. Das war ein mächtiges Rufen: nach Hause, nach Hause! Manch einem Menschen ist schon einfach die äußere Erinnerung an ein glückliches und gesegnetes Elternhaus der Ruf zur Umkehr gewesen. Ein junges Mädchen, das in lockere Gesellschaft geraten war, wurde auf einem Ausflug ins Freie in einer Laube, die von Geißblatt umwachsen war, aufs tiefste erschüttert und kehrte vom Fleck weg in ihr Elternhaus zurück, weil der Duft des Geißblattes sie erinnert hatte an die Laube zu Hause. Da waren ihr, während sie von lustigen Gesellen umgeben war, die Augen ihrer Mutter und die ehrwürdige Gestalt ihres Vaters begegnet. Sie hielt es nicht mehr aus. Von Stund an kehrte sie um. Gott hat viele Mittel, die Menschen herumzubringen, auch freundliche Erinnerungen.

»Wie viel Tagelöhner hat mein Vater, die Brot die Fülle haben.« Wie viel? Das ist ein fragendes Zahlwort. Der verlorene Sohn fängt wieder an zu rechnen. Solange er im Taumel seiner Zerstreuungen lebte, hatte er nicht gerechnet. Sonst wäre ihm sein Geld nicht so schnell aus den Händen gerollt und er hätte die Kosten überschlagen. Jetzt fängt er an, zu rechnen und sein Leben zu überschauen.

Willst du nicht auch einmal rechnen und alles überschlagen? Was ist nun bei deinem ganzen Leben herausgekommen? Was ist denn nun der Ertrag alles Bisherigen? Der geschäftliche Ertrag eines jeden Menschenlebens ist immer gleich null, auch bei dem reichsten Manne der Welt. Er kann nichts mitnehmen im Tod. Aber wie ist sonst der Ertrag? Wie steht's bei dir innerlich? Und wie sieht's in deiner Familie aus? Ist etwas dabei herausgekommen, daß du den Weg der Sünde gewählt hast? Zieh doch einmal einen Strich darunter! Aber freilich, der Bankrotteur rechnet nicht nach, er zählt nicht zusammen, er schließt die Bücher nicht ab. Dies Rechnen und Nachschlagen, dies Nachdenken ist schon ein Zeichen der Gesundung. »Wieviel Tagelöhner.« Dabei schweift der Blick des verlorenen Sohnes in die Heimat. Ach, wie anders könnte es mit dir stehen! Hätte ich doch, wäre ich doch...! Selbst die Tagelöhner zu Hause haben Brot die Fülle. *Und ich?* »Und ich verderbe im Hunger.« Die andern – solches Vergleichen kann von großem Segen sein. Ich meine jetzt nicht, daß wir auf das äußere Wohlbefinden der andern unser Auge richten sollten, sondern auf das ganze Leben. Die andern sind so fröhlich, so glücklich, auch wenn sie durch Not und Trübsal müssen. Ihr Familienleben ist so freundlich und friedlich, und einer hilft dem andern. Und ich? Und wir? Und bei uns? Andere, die vielleicht noch ärmer sind als wir, sind doch so glücklich beim Herrn und haben Frieden im Herzen und Frieden im Haus. Und ich?

Manchmal mag es uns auch wohl von ferne grüßen, das selige Ziel: »Dort sind schon meiner Lieben viel, *und ich* bin noch zurück.« Das zieht an unserer Seele und ruft. Wenn du andere im Frieden Gottes siehst und hörst ihre Lieder, dann kommt der Katechismus zu Wort. Wenn es doch wahr wäre, daß nicht allein andern, sondern *auch mir* Vergebung der Sünden geschenkt würde!*

Die Not war der Ausgangspunkt der Buße des verlorenen Sohnes. Wie oft ist's im Leben so! Ich verderbe. Dann schlägt der Mensch in sich. Man sagt, es sei verächtlich, daß einer nur durch die Not zu Gott kommt. Aber so sind wir Menschen. Den meisten werden erst die Augen geöffnet werden müssen durch irgendeine Not, und Gott will sich auch finden lassen von denen, dir nur durch die Not zu ihm getrieben werden. Gut, wenn der Mensch es einmal einsieht, wo er hingekommen ist. Und ich? Ich verderbe. Gut, wenn er einmal die Sache beim Namen nennt. So geht es nicht weiter. Es muß anders werden. Ich muß umkehren.

Ich will zu meinem Vater gehen

>»Ich will mich aufmachen und zu meinem Vater gehen.«
>(V. 18)

»Ich verderbe.« Wie ein Blitz hat diese Erkenntnis dem verlorenen Sohn seinen Weg beleuchtet. Gott hat es bei ihm bis zum Äußersten kommen lassen, damit er umkehre. Hätte ihm der Vater Nahrung und Kleidung in seine Not geschickt, dann wäre es ihm äußerlich vielleicht besser gegangen; aber er wäre in der Fremde geblieben.

---

* Siehe Frage 21 im Heidelberger Katechismus

Wie mancher hat in der Not zu Gott geschrien, und Gott hat die Gebete nicht erhört, nicht, weil Gott es nicht *konnte,* sondern weil er es nicht *wollte.* Gott hilft nicht aus der Not heraus, damit die Not über dem Menschen zusammenschlage, damit er sich nicht mit halber Hilfe begnüge, sondern umkehre. Erst muß er ganz ins äußerste Verderben. Dann ist der stolze Mensch so weit, daß er sich sagt: Ich will zu meinem Vater gehen.

Mancher ist durch die Not wie gelähmt. Alles neigt sich in ihm dazu, daß er liegenbleiben will: es hilft ja doch nichts; es wird nie besser; es ist zu spät. Andere aber gewöhnen sich an die Not und an das Elend aus Trägheit und innerer Schlaffheit. Das ist das Bild unzähliger in unseren Gemeinden. Sie empfinden gar nicht mehr, daß es einmal besser war, und hoffen gar nicht, daß es noch einmal besser werden könnte. Solche Leute wollen wir aufwecken. Sie sind wie die, die am Abgrund eingeschlafen sind und abzustürzen drohen. Ein alter Straßenwärter an einer Zollschranke ließ einfach die Schranke über den Weg gesperrt liegen und verschlief viel Zeit des Tages. Wenn man ihn rief, pflegte er wohl aus dem Schlaf heraus zu sagen: »Ich komme« und schlief ruhig weiter, bis man ihn endlich unsanft aufweckte und zu seiner Pflicht rief. Manche unter uns sind eingeschlafen vor Not und Traurigkeit, und wenn man sie ruft, so sagen sie wohl: »Ich komme« und versprechen das Beste, aber schlafen ruhig weiter.

Anders der verlorene Sohn. »Ich will mich aufmachen und zu meinem Vater gehen.« »Mein Vater« – das war ein Klang aus der Jugendzeit! Er hatte doch noch einen Vater! Ist es nicht auch bei dir so? Der Herr im Himmel will trotz aller Schuld dein Vater sein. Das hat uns Jesus gesagt, der auch dein Heiland ist. Und du bist doch noch sein Sohn, nach dem er ausschaut. Willst du nicht zu deinem Vater gehen? Der verlorene Sohn sagt nicht: »Ich will zu meinem Bruder gehen.« Da wäre er schön angelaufen. Wohl sind unter uns manche Brüder, die ihre verirrten und verlorenen Geschwister anders aufnehmen würden, als der ältere Sohn im Gleichnis es tat, die sich über die Maßen freuen würden, wenn sie einem das Vaterhaus suchenden Bruder weiterhelfen könnten zum Herzen des Vaters. Aber für dich kommt es nicht zunächst darauf an, deine Brüder zu suchen. Halte dich nicht bei Menschen auf! Es kommt auf deinen Vater an!

»Ich will zu ihm sagen: Vater, ich habe gesündigt.« Deinem Vater kannst du alles sagen, auch das Traurigste, auch das Schlimmste. Er versteht dich. Er weiß ja auch alles. Er hat ja alles gesehen. Was du keinem Menschen sagen kannst, kannst du diesem treuen Ohr anvertrauen.

»Ich will sagen: Vater.« Rede doch einmal mit ihm, nenne ihn doch einmal bei Namen, rufe ihn einmal an: Vater! Wage es, dies Wort über deine Lippen kommen zu lassen, vielleicht zunächst nur dies Wort: Vater! Sag doch einmal wieder »du« zu ihm! Rede nicht vom »Herrgott«, vom »Schöpfer«, lausche einmal, wie das klingt, wenn du sagst: Vater! Und wenn deine Hände sich falten: Herr Jesus!

Ein treues Elternpaar erfuhr, daß sein verlorener Sohn auf der Heimkehr sei. In der Hafenstadt, wo das Schiff landete, nahmen sie ihn in Empfang. Er war schwerkrank und so völlig gelähmt, daß er nicht einmal mit den Fingern zucken konnte. Sie pflegten ihn lange und treu und sprachen mit ihm vom Heiland, wiewohl er kein Zeichen des Verständnisses gab. Eines Tages wurde es der Mutter überschwer. Sie flehte zum Herrn, und dann ging sie an das Bett des Todkranken. »Wilhelm«, sagte sie, »wenn du mich verstehst, dann zucke einmal mit dem Finger.« Und dann sagte sie mit Herzensangst und brennender Mutterliebe ihm nur das eine Wort ins Ohr: Jesus. Als der Name über alle Namen, vom Mund der Mutter gesprochen, in seinen Ohren klang, da zuckte der Finger, der eigentlich nicht zucken konnte, und die Mutter war sehr getröstet. – Wie, wenn einer, der dies liest, der fast gelähmt ist am inwendigen Menschen und nicht weiß, wie er's machen soll, daß er doch Gnade finde, in stiller Stunde auch nur einmal mit dem Finger zuckte, leise, ein erstes, zaghaftes, fragendes, suchendes Wort ausspräche: Vater!

Das entscheidende Wort

>»Vater, ich habe gesündigt gegen den Himmel und vor dir.«
>(V. 18)

Das war das entscheidende Wort: »Ich habe *gesündigt*!« Es war schon der Anfang der Umkehr, als der verlorene Sohn an seinen Vater dachte. Es war schon etwas, als er sich vornahm: Ich will zu ihm sagen »Vater«. Aber das war nun die Folge dieses Vorsatzes. Jetzt mußte dieses Wort kommen, das Bekenntnis: »Ich habe *gesündigt*.«

Es dauert oft sehr lange, bis dieses Wort herauskommt. Alles andere geht einem leichter von den Lippen. Aber wenn das Wort »Sünde« gesprochen werden soll, dann stockt die Zunge. Da zögert der Mensch. Dies Wort mag er nicht in den Mund nehmen, dies Wort: Sünde. »Es war nicht recht.« »Ich hätte es nicht tun sollen.« »Ich täte es nicht noch einmal.« Mancherlei Art sind die Selbstgespräche des bösen Gewissens. Aber es hilft nichts, das Wort muß heraus, so wie es auch bei David zu einem klaren Bekenntnis kommen mußte: »Ich habe gesündigt«, so wie Zachäus dartreten mußte und mußte das Wort in den Mund nehmen: »Wo ich jemand *betrogen* habe.« Mancher hat die Erfahrung des David gemacht: »Da ich es wollte verschweigen, verschmachteten meine Gebeine durch mein täglich Heulen; denn deine Hand war Tag und Nacht schwer auf mir« (Ps. 32, 3–4).

Sprich dich aus! Dann wird es dir leichter. Dann fällt eine Last von deinen Schultern, und deine Seele kann aufatmen. Wenn einer deine Schulden bezahlen will, dann mußt du ihm erst sagen, wieviel Schulden du hast. Wenn Gott dir vergeben soll, dann mußt du erst klar und deutlich deine Sünden ihm mit Namen nennen.

»Ich habe gesündigt«, ich, nicht die andern! Die haben auch gesündigt. Nicht die Umstände waren schuld. Es ist überhaupt keine Entschuldigung vorzubringen. Endlich gibt das Herz nach: Ja, Herr, *ich* habe gesündigt. So, wie der König Herodes, als sein Gewissen zu Wort kam, es ganz offen sagte: »Johannes, den ich enthauptet habe« (Mark. 6, 16). Er hätte auch mancherlei zur Entschuldigung anführen können, die Umstände bei seinem Geburtstagsfest, die Tücke seines teuflischen Weibes. Aber es hilft ja nichts: Ich habe ihn enthauptet; ich bin schuldig.

Ich! Das ist ein spitzes, scharfes, klares Wort. Es hilft nichts, darum herumzureden: »man«, »wir«, »die Menschen«, »wir Sünder« haben gesündigt. Nein, »ich«! Das Wort ist spitz und scharf und trifft uns bis ins innerste Herz.

»Ich habe *gesündigt*.« Dahin muß es kommen, daß uns die Sünde einmal wirklich quält. Die Not hat den verlorenen Sohn zum Aufwachen gebracht. Mehr: durch die Not ist ihm sein inneres Auge geöffnet worden. Er will nicht zum Vater zurück, weil er es dort besser hat, sondern er will ihm seine Sünde abbitten. »An dir allein habe ich gesündigt«, sagt der Psalmist. Das ist die rechte Erkenntnis unseres Zustandes, wenn wir es einsehen, daß wir uns an Gott vergangen haben. Es handelt sich nicht um bloße Mängel in unserem Leben, um ein Zurückbleiben, sondern die Sünde ist wie eine geballte Faust, die gegen Gott in der Höhe emporfährt.

»An dir.« Er hatte auch an anderen Menschen gesündigt, und so ist's auch bei manchem unter uns. Wie vielen haben wir unrecht getan und sie durch schlechtes Beispiel verführt, vielleicht auch durch schlüpfriges, unreines Wort. Das ist nie wiedergutzumachen. Das zieht seine Kreise wie ein Stein, der ins Wasser geworfen ist, bis zum Ende. Vielleicht ist da auch etwas zu bekennen und bei Menschen etwas abzubitten. Es tut dir leid, aber dabei darf es nicht bleiben. Vielleicht muß ein Gang getan, ein Brief geschrieben, ein Wort gesprochen werden. Du mußt es einmal aussprechen. Ich will es ihm sagen. Ja, auch Menschen müssen wir unsere Schuld abbitten. Aber die innerste Not, die Schuld in aller Schuld ist unsere Sünde gegen Gott. Daß wir von ihm uns losgerissen haben, das ist der Anfang des ganzen Sündenweges gewesen. Wohl dem, der das erkennt: »Vater, ich habe gesündigt vor dir.«

Nicht wert

»Ich bin hinfort nicht mehr wert, daß ich dein Sohn heiße.«
(V. 19)

Es ist ein kleines Wort und ist doch abgrundtief. Es läßt uns hineinschauen in das innerste Herz des verlorenen Sohnes. »Ich bin nicht wert.« Daß ihn seine Sünden quälen und sein schnöder Undank gegen seinen Vater, daß er das Bedürfnis hat, seinem Vater seine Sünden abzubitten, und sich darum zu ihm aufmachen will, das alles zeigt, daß sein Gewissen erwacht ist. In diesem Wort klingt die tiefste Stimme eines verwundeten Herzens auf: »Ich bin nicht wert.« Nicht seine Sünden nur, seine *Sünde* ist ihm offenbar geworden. Er hat nicht nur Mißfallen gefunden an dem, was er getan hat, sondern das ist seine Not: *daß er so ist, wie er ist.* Die rechte Selbsteinschätzung ist bei ihm eingetreten: Gott kann mich nicht wollen. Das ist die Not des Sünders, dem Gottes Geist das Gewissen erschreckt hat. »Ich bin nicht wert, daß ich dein Sohn heiße.«

Wir wissen nicht, daß Petrus ein besonderer Sünder gewesen ist in den Tagen seines Fischerhandwerkes am See Genezareth. Aber als ihm Jesus und seine göttliche Herrlichkeit in seinem Schiff begegnete, da fiel er zu seinen Füßen nieder: »Herr, gehe von mir hinaus! Ich bin ein sündiger Mensch« (Luk. 5, 8). Daß sein ganzes Wesen verderbt war und er nicht stehen konnte vor dem Heiligen Gottes, das wurde ihm mit einem Schlage klar und warf ihn auf seine Knie. »Gott, sei mir, dem Sünder, gnädig!« bat der Zöllner im Tempel. Mit dem einen Wort »Sünder« gab er sich vor Gott preis und flehte um Begnadigung.

Das ist es, worauf es auch bei uns ankommt. Gib dich auf! Gib dich verloren! Sage es deinem Gott: »Ich bin nicht wert, daß ich dein Sohn heiße.« Dann wird es auch mit deiner Bekehrung eine gründliche Sache. Wenn das Wörtchen »wert« fällt, dann muß ich ausscheiden, dann ist mit mir Schluß. Ich bin nicht wert, Gottes Kind zu heißen. Als der Seher in der Offenbarung Johannes (Kap. 5) die Frage hört: »Wer ist würdig, das Buch zu öffnen?«, fährt er fort: »Ich weinte sehr, daß niemand würdig erfunden wurde.« Wenn's nach der Würdigkeit geht unter den Menschen, dann ist's zum Weinen.

»Mache mich zu einem deiner Tagelöhner!« Was ist es doch um ein wirklich gebeugtes Herz! Wenn ein Mensch ganz demütig, ganz aus der Tiefe, aus der Not seines bedrängten Gewissens heraus nur den einen Wunsch noch hat, bei Gott wieder angenommen zu werden, dann stellt er keine Ansprüche und erhebt keine Forderungen. Da macht er keine Bedingungen. Nein, der geringste Posten in seines

Vaters Haus als Tagelöhner, nicht einmal als Knecht des Hauses, erscheint dem verlorenen Sohn begehrenswert. Wenn er nur in des Vaters Haus ist, nur in der Nähe des Herzens, dem er so weh getan hat! So hat schon manch einer in tiefer Not zu Gott gefleht: Herr, wenn ich auch ganz hinten stehen muß in der Reihe derer, die selig werden, wenn ich nur mit dabeisein darf! Nimm mich nur an, laß mich nicht liegen, schick mich nicht fort! Oder so, wie der Schächer bat: »Vergiß mich nicht!« Da erhebt der Mensch nur Anspruch auf Gnade. Durch Gottes Wort erweckt, wagt er es, an Gottes Tür anzuklopfen als Sünder, den der Vater mit Fug und Recht mit Hunden vom Hofe jagen lassen könnte, und der Sohn könnte nichts dagegen einwenden. So hat er's verdient.

Das ist die Kühnheit des Glaubens, daß er sich aller Gnade unwert achtet und des ewigen Todes schuldig erkennt und doch aus dem Abgrund seiner Verzagtheit hineingreift in das Herz Gottes. Gerade wenn der Mensch erkannt hat: »Ich bin nicht wert«, wenn ihm alle Entschuldigungen ausgegangen sind und es bleibt ihm nur das ewige Verderben, gerade dann, aus der tiefsten Not heraus, darf er, durch Gottes Geist ermutigt, im Glauben in die höchste Höhe greifen: Mache mich – nur selig! Und ob ich auch nur ein Tagelöhner bin in deinem Haus: »Ich will lieber die Tür hüten in meines Gottes Hause denn wohnen in der Gottlosen Hütten« (Ps. 84, 11).

Heute

>»Und er machte sich auf und kam zu seinem Vater.«
>(V. 20)

»Ich will mich aufmachen und zu meinem Vater gehen.« So hatte der verlorene Sohn gesprochen, als ihm seine Sünde offenbar wurde. Und er führte seinen Entschluß aus. Aufs Ausführen kommt es an. »Ich will mich aufmachen.« Das haben schon viele gesagt; aber wenige von ihnen haben es ausgeführt. Mit guten Vorsätzen ist der Weg zur Hölle gepflastert. Auch unter denen, die verlorengehen, werden sich sehr wenige, nein, wird sich kein einziger finden, der nicht einmal in seinem Leben sich vorgenommen hatte: Es muß anders werden. So geht's nicht weiter. Ich will mich aufmachen und zu meinem Vater gehen.

Bei vielen war's ein leerer Klang und bei ungezählten ein Vorsatz, mit dem sie auf halbem Wege steckenblieben. Fünf von den zehn Jungfrauen, die dem Bräutigam entgegengingen, waren törichte Leute, die auf halbem Wege stehenblieben. Sie waren ein Stück hinausgegangen. Sie gehörten zu denen, die den Bräutigam erwarteten. Sie hatten mancherlei Anstalten getroffen, um sich zu seiner Schar zu halten. Äußerlich sah man bei ihnen keinen Unterschied zu den klugen Jungfrauen. Die Blumen im Haar, die Lampen geschmückt, so standen sie da, als der Ruf erschallte: Der Bräutigam kommt! Aber sie waren nicht bereit. Es fehlte die Hauptsache, und das Ende war eine Tür, die sich gerade vor ihren Augen schloß, und als sie klopften, eine Stimme, die von innen ihnen zurief: »Ich kenne euch nicht!«

»Er machte sich auf.« Als der verlorene Sohn aus dem Vaterhaus auszog, hieß es, daß er »nicht lange danach« fern über Land zog. Hier steht nicht das Wort »nicht lange danach«, nein, er machte sich auf *sofort*. Wie manch einer hat es aufgeschoben, und später war es zu spät. Es steht nicht bei uns, wann wir uns bekehren wollen. »Heute, so ihr seine Stimme hört, verstockt eure Herzen nicht!« Heute! Das ist der Ruf der Bibel.

»Ich muß heute in deinem Hause einkehren.« So sprach der Herr zu Zachäus. Die große Glocke hatte angeschlagen über dem Haupt dieses Obersten der Zöllner und Sünder. Er begehrte Jesus zu sehen. Da kommt dieses Freudenwort voll tiefer Erlösung: heute, Zachäus, heute!

Nicht morgen sollen wir uns aufmachen. Wir haben unser Leben nicht in unserer Hand. Das Heute ist uns übergeben, das Morgen ruht noch in Gottes Hand. Man darf die Entscheidung nicht aufschieben. »Auf der langen Bank« fängt der Satan die meisten. – Alexander der Große hatte die Gewohnheit, wenn er eine Stadt belagerte, ein Licht vor ihren Toren anzuzünden. Solange das Licht brannte, konnte sich die Stadt auf Gnade oder Ungnade ergeben. Dann wollte er sie schonen. Wenn das Licht heruntergebrannt war, verfiel die Stadt der Zerstörung.

Noch brennt dein Licht, und darum gilt es: heute!

»Er machte sich auf.« Satan ist ein harter Herr, sein Dienst ein schwerer Dienst. Man muß ihm ohne Kündigung davonlaufen. Man darf nicht erst ihm kündigen wollen, nicht mit ihm verhandeln, nicht noch dies oder jenes mit ihm besprechen; sonst hält er uns fest. Du mußt ihm fortlaufen, und zwar heute. Warst du nicht lange genug in seiner Gewalt?

Manche wollten »noch einmal« etwas von der Lust der Sünde mitmachen. Dann aber wollten sie ganz sicher umkehren. Sie wollten nicht auf einmal brechen. Die kamen nie los. Sie »blieben hängen« an ihren Sünden (vgl. 2. Kön. 3, 3).

Andere werden von der Frage gequält: »Was werden die andern sagen?« Ja, man kann das nicht verbergen, wenn man sich aufmacht aus der Sünde, nicht vor seinem Mann, nicht vor seiner Frau, nicht vor den Nachbarn. Bei dem verlorenen Sohn haben es die andern ja auch gemerkt. Er ist fort. Sein Platz am Trebertrog ist leer. Ganz sicher werdet ihr Spott und Hohn darüber ernten, wenn ihr euch aufmacht aus dem Leben der Sünde heraus. Aber laßt euch nicht erschrecken! Ob die andern vielleicht auch spotten, im Grunde beneiden dich viele, wenn du dich aufgemacht hast, und denken: Wären wir erst nur auch so weit! Hätte ich auch den Entschluß schon gefaßt! Laß dich nicht irremachen! Es gilt ein Heute! Es gilt ein Jetzt!

Ein Vaterherz

»Da er aber noch ferne von dannen war, sah ihn sein Vater.«
(V. 20)

Es war ein herrlicher Tag, als es von dem verlorenen Sohn hieß: »*Er kam zu seinem Vater*« (V. 20). Er hatte sich aufgemacht, und nun kam er. »Da er aber noch ferne von dannen war, sah ihn sein Vater.« O, ein Vaterherz! Das Auge des Vaters hatte ihn verfolgt, als er damals auszog, bis er in der Ferne verschwunden war. Dorthin war des Vaters Blick seither gerichtet, tagaus, tagein. Wie oft wird er vom Dach seines Hauses Ausschau gehalten haben! Die Knechte schlichen ums Haus: Da oben steht der Alte wieder. Und auch die Knechte seufzten: Wenn er doch käme! Immer aufs neue hat der Vater ausgeschaut: Ob er kommt, wann er kommt, ob ich es noch erleben werde, ob er noch an mich denkt? Wundervolles Vaterherz! – Da war eine Mutter, deren Sohn auf See ertrunken war. Aber sie wollte es nicht glauben, und jeden Abend stellte sie ein Licht unter das Fenster, damit der Sohn, wenn er heimkäme, den Weg nicht verfehle. Eines Morgens fand man die Mutter tot neben der herabgebrannten Kerze am Fenster sitzend. Sie hatte gewartet auf ihren Sohn.

Wie dieser Vater im Gleichnis, wie diese Mutter auf der Hallig, so ist der Vater im Himmel. Er hat uns gesehen, als wir ins Elend gingen. Und er schaute uns nach: »Ich recke meine Hände aus den ganzen Tag zu einem ungehorsamen Volk, das seinen Gedanken nachwandelt auf einem Wege, der nicht gut ist« (Jes. 65, 2). Darum sandte er seinen Sohn den Verlorenen nach. So hat Gott die Welt geliebt! Es brach ihm sein Herz über unserem Elend. »Israel, du bringst dich ins Unglück; denn dein Heil steht allein bei mir« (Hos. 13, 9).

»Da sah ihn sein Vater.« Gott sieht, wenn einer sich zu ihm aufmacht. Er hat die ersten Regungen des Herzens bemerkt. Sie kamen ja von ihm. Er sieht, wenn es einem Ernst ist mit der Umkehr. Und wenn es auch nur ein kleiner Anfang ist, dann kommt der Vater entgegen und hilft dem Menschen. Den Nathanael unter dem Feigenbaum hat des Heilands Blick gesehen, wo er sich völlig unbeobachtet meinte, und seinem heimlichen Sehnen kam Jesu Wort entgegen. Den Zachäus hat der Herr wie eine reife Frucht vom Maulbeerbaum gepflückt. Er merkte, wie in seinem Herzen ein Begehren war, Jesus zu sehen.

Es jammerte den Vater, als er den verlorenen Sohn sah. Er wird jammerbar genug ausgesehen haben. Wer beschreibt dieses göttliche Herz? Wollen wir es verstehen, dann müssen wir Jesus ansehen. Immer wieder heißt es von ihm: »Es jammerte ihn des Volkes.« Das war es, was ihn aus der Herrlichkeit des Vaters getrieben hatte. Das war es, was ihn bewegte, wenn er umherging zwischen dem Elend und den Tränen der Menschen. Das war es, was ihn trieb auf den

Weg des Kreuzes, daß er ihre Last auf sich nahm und sein Leben für sie dahingab: Es jammerte ihn des Volkes.

Derselbe Pulsschlag, den wir in Jesu ganzem Leben beobachten, schlägt auch im Herzen des Vaters im Himmel. Er sieht uns von fern, und es jammert ihn unser. Und wenn einer nach diesem Vater sich umwendet und in sein Auge schaut:

> »Liebe, nichts als Liebe
> ist's, die mich umfängt,
> ach, und eine Liebe,
> wie kein Mensch es denkt.«

Von einem Eingeborenenstamm auf den Südseeinseln erzählte ein Missionar, daß sie ihm, als er zum Urlaub in seine Heimat zurückkehrte, den Wunsch mitgegeben hätten: Schick uns Bibeln, aber schick uns nur solche Bibeln, in denen der Spruch steht: »Also hat Gott die Welt geliebt!«

Zuvorkommende Gnade

> »Sein Vater lief und fiel ihm um seinen Hals und küßte ihn.«
> (V. 20)

Es war ein wunderbares Schauspiel, das sich den Augen der erstaunten Knechte und Mägde darbot, als bei der Rückkehr des verlorenen Sohnes der Vater, der den Heimkehrenden von ferne erspäht hatte, ihm entgegenlief. Ist dieser Vater nicht ein Gleichnis unseres Vaters im Himmel? Wenn Gott uns in seiner Gnade nicht entgegenkäme, dann würde kein Mensch selig. Niemand erreichte das ewige Ziel. Aber Gott kommt uns entgegen.

Was war es denn, das den Vater jetzt auf einmal veranlaßte, dem beschämten Mann entgegenzulaufen, schnell, eilig? Vielleicht wäre der Sohn sonst doch nicht nach Hause gekommen. Der Weg war weit gewesen. Und er hatte seine ganze Kraft zusammennehmen müssen. Aber ihm winkte das Vaterhaus, und es trieb ihn das Verlangen, vor dem Vater seine Schuld auszusprechen. Der Weg war weit und schwer. Aber das alles war noch leicht gegenüber dem letzten Schritt, der jetzt kommen mußte. Der letzte Schritt war der schwerste.

Da steht er vorne am Pfeiler des Tores am Parkeingang. Er duckt sich und schaut scheu über das ganze Gut. Soll ich es wagen? Kann ich hineingehen? Jetzt kommt's! Jetzt naht die letzte Entscheidung. Jetzt sehen mich alle die Knechte und Mägde, die mich von früher her noch kennen. Ob sie mich wiedererkennen? Und dann weiter: Jetzt muß ich ganz allein mit dem Vater sein, den Blick seines Auges aushalten. Jetzt muß ich es ihm sagen. Jetzt muß ich bekennen, und dann muß ich ihn bitten. Vielleicht wäre er doch noch draußen geblieben und wieder umgekehrt. Mancher war ganz nahe dem Vaterhaus und ist doch noch umgekehrt, weil er sich scheute vor dem letzten Schritt, daß er alles bekennen mußte.

Ein heruntergekommener englischer Student fristete in Paris sein Leben als Droschkenkutscher. Wie oft hatte er es erwogen, ob er nicht zu seinem gütigen, reichen Vater heimkehren sollte! Dieser würde ihm sicher alles vergeben. Und der Vater war auf der Suche nach seinem Sohn. Da, eines Abends spät, fuhr ein Schrecken dem Droschkenkutscher durchs Herz. Ein Herr verlangte seinen Wagen. Es war sein alter, ehrwürdiger Vater, der ihn nicht erkannt hatte. Wie oft hatte der Sohn gewünscht, seinen Vater einmal wiederzusehen. Jetzt fuhr er ihn in seinem eigenen Wagen. Da entspann sich ein Kampf: Soll ich mich zu erkennen geben? Der Vater wird mich sicher nicht von sich stoßen. – Die Fahrt war beendet. Er nahm sein Geld in Empfang und schwieg. Er war zu stolz, sich vor dem Vater zu beugen. Er schämte sich zu sehr. Wie nahe war er dem Glück, das er so sehnlichst suchte! Der letzte Schritt war zu schwer gewesen.

Als der Vater den verlorenen Sohn sah, hastete er hinab vom Dach und lief ihm entgegen. Er fiel ihm um den Hals. Zuvorkommende Gnade! Ein wortloses Wiedersehen! Kein Vorwurf wurde laut über die lange Trennung, über den schnöden Undank, über das verkommene Aussehen des Sohnes, über die Spuren seines Lasterlebens. Kein Wort derart, nur Liebe und eine väterliche Umarmung.

Kennt ihr die Sprache dieser sprachlosen Liebe, wenn das klopfende

Sünderherz an das klopfende Heilandsherz sinkt, das Herz, in dem die Sünde herrscht, an das Herz, in dem die Liebe wallt?

Und er küßte ihn. Nichts als Herablassung, nichts als Erbarmen, das den verlorenen Sohn zu sich emporzieht. *Ich glaube, solch ein Kuß deckt viel Jammer und Elend zu.* In dem Empfang lag des Vaters Herz. Es war doch noch sein Sohn. Er hatte ihn doch noch lieb. Wenn er mit Ehre nach Hause gekommen wäre, hätte seiner wohl ein guter Empfang gewartet. Aber liebevoller konnte er nicht sein als diese Umarmung.

Das ist zuvorkommende Gnade. Bei deinem Heiland sollst du ein Willkommen finden, wie du es noch nie in deinem Leben gefunden hast. Verlorenes Kind, komm heim! *Es hat sich schon viel Leid unter Jesu Arme geflüchtet. Es ist aber noch Raum da!*

Eine gefährliche Ecke

»Der Sohn aber sprach zu ihm: Vater, ich habe gesündigt.«
(V. 21)

Als dem verlorenen Sohn bei seiner Heimkehr die überwältigende Liebe des Vaters entgegenkam, als dieser ihn umarmte und küßte, kam ein gefährlicher Augenblick. Er konnte versucht sein, sich jetzt sein Bekenntnis zu ersparen. Und das hätte er getan, wenn es ihm nicht mit seiner Buße Ernst gewesen wäre. Manche sind an dieser gefährlichen Ecke zuschanden geworden. Es hatte sie Reue über ihre Sünden gefaßt; aber als die ersten Strahlen der Gnade Gottes sie trafen, haben sie doch ihre Sünde nicht bekannt. Sie nahmen es gern wahr, daß sie so leicht durchkommen würden, daß ihnen das Schwerste erspart werde, wie sie meinten. Die Freundlichkeit des Herrn, die ihnen Mut machen wollte, sich völlig zu offenbaren und alles zu entdecken, hielten sie für ein Zeichen, daß es doch nicht so ganz schlimm wäre mit ihrer Schuld. Und darüber haben sie nicht Buße getan. Sie fühlten sich schon erleichtert, und statt durchzubrechen zu einem klaren und gründlichen Bekenntnis, wichen sie aus. Das ist eine gefährliche Klippe für viele Menschen geworden. Sie waren beinahe bekehrt. Beinahe!

Der verlorene Sohn aber machte Ernst. Sein Entschluß war in der Not geboren, aber echt gewesen. Er wollte heraus aus seiner Sünde. Er wollte zurück zum Vaterherzen. Und wie nun diese Liebe des Vaters so überwältigend ihn überströmt, da kommt ihm nicht der Gedanke: Jetzt will ich schweigen, jetzt will ich mich, so gut es geht, aus der Geschichte herausziehen. Nein, er kann nicht schweigen, das geht nicht. Er kann auch nicht dulden, daß der Vater ihn so liebkost, ihn herzt und umarmt. Der Vater weiß ja gar nicht, was für einen Menschen er im Arm hält! O, wenn du es wüßtest, Vater, du würdest mich vielleicht doch verstoßen!

Der Sohn aber spricht – schnell, alsbald: »Vater, ich habe gesündigt.« Es klingt wie ein Schrei aus der Tiefe. Er muß dem Vater wehren und kann sich diese Liebe nicht gefallen lassen. Und doch läßt er sich die Liebe so gern gefallen und wäre so froh, wenn er dem Vater nicht wehren müßte. Das ist wahre Buße.

»Ich habe gesündigt.« So, wie er sich's vorgenommen hatte, ebenso schwarz und schwer, wie das Wort in seiner Seele klang, als er am Trebertrog in sich schlug, ebenso schwarz und schwer spricht er es jetzt aus: »Vater, ich habe gesündigt; ich bin's nicht wert. Vater, beflecke dich nicht mit mir! Du weißt ja nicht, mit wem ich sonst Arm in Arm gegangen bin. Du ahnst ja nicht, in wessen Arm ich sonst gelegen habe, von wem ich sonst mich küssen ließ. Du kennst ja meine traurige Geschichte nicht und meinst vielleicht, ich käme wieder, wie ich von dir gegangen bin. Vater, ich weiß es besser: Ich bin's nicht wert.« Er schreit es, er schluchzt es hinaus, in den Armen des Vaters, der ihn küßt.

Er muß die Wahrheit sagen. Es wäre ihm unerträglich sich diese Liebe gefallen zu lassen und dabei seine Sünde zu verheimlichen. Er muß sie mit ganzer Deutlichkeit bekennen, und doch sehnt sich sein Herz danach: O, wenn er mich doch wieder annähme! Das wäre herrlich! Was müßte das sein, solche Liebe zu genießen und sie auch genießen zu dürfen ohne Selbstvorwürfe und Gewissensqualen, für immer!

Es war ihm schwer, der Liebe des Vaters solchen Schmerz anzutun mit seinem Bekenntnis, und wiederum, bei solcher Liebe wurde es ihm leicht, alles, alles zu sagen.

»Hoffet auf ihn allezeit, liebe Leute,
schüttet euer Herz vor ihm aus;
Gott ist unsre Zuversicht.«

(Psalm 62, 9)

Der unterbrochene Satz

>»Der Sohn aber sprach zu ihm: Vater, ich habe gesündigt gegen den Himmel und vor dir; ich bin hinfort nicht mehr wert, daß ich dein Sohn heiße. Aber der Vater...«   (V. 21–22)

Wie ein ungestümer Quell aus der Tiefe, so war unter der Umarmung seines Vaters bei dem verlorenen Sohn das Bekenntnis seiner Sünde aufgebrochen. »Vater, ich habe gesündigt. Ich bin hinfort nicht mehr wert, daß ich dein Sohn heiße.«

Da fällt ihm sein Vater ins Wort. Bis dahin läßt er ihn kommen. Das Bekenntnis der Sünde muß heraus, und er läßt auch den Sohn es aussprechen: »Ich bin's nicht wert, daß ich dein Sohn heiße.« Aber das, was dann noch kommen sollte, die Selbsterniedrigung des Sohnes zum Tagelöhner, das, was der Vater erwartet und ahnt, das soll er nicht sagen. Das Wort vom Tagelöhner soll er nun durchaus nicht aussprechen. Durch einen Kuß kürzt der Vater ihm die tiefste Demütigung ab und fällt ihm in die Rede, indem er die Knechte ruft, die das Mahl bereiten sollen. Nein, nicht Tagelöhner sollst du sein, sondern dennoch, dennoch Sohn im Vaterhaus! Wunderbar hat Jesus in seinem Gleichnis uns damit des Vaters Gnade vor Augen gemalt. Er unterbricht das Bekenntnis des Sünders, wenn er die aufrichtige Reue sieht, und nimmt ihn an aus Gnaden, um Jesu willen, des Sohnes, der uns dies Gleichnis erzählt hat.

Wer sich selbst richtet, der wird nicht gerichtet, sondern ist schon vom Tode zum Leben hindurchgedrungen. Wer sich selbst *nicht* richtet, der kommt ins Gericht. Und in dem Gericht wird ihm nichts zugedeckt. Da kommt einem niemand entgegen. Da fällt einem niemand ins Wort. Da schneidet einem niemand die Rede ab. Nein, da kommt alles, alles ans Licht, und dem betreffenden Sünder wird eins nach dem andern vor Augen gehalten, und »die Bücher werden aufgetan«, und es wird alles aufgedeckt. Und wenn doch jemand niederfallen und um Vergebung bitten wollte, dann ist es zu spät. Die Taten sprechen. Dann geht die Tür auf in den Richtersaal, wo die Waage hängt und das Schwert und wo die Hand schreibt an der Wand und schreibt wider uns, und man kann dieser Hand nichts abhandeln. Sie weiß alles. Meinst du, du wärest doch wert, hineinzukommen in des Vaters Haus? Im Gleichnis vom Jüngsten Gericht sehen wir, wie alle, die verdammt werden, sich noch zu entschuldigen suchen. Aber dann fällt das letzte Wort: Gewogen und zu leicht erfunden!

Der Vater spricht zu seinen Knechten: »Bringt das beste Kleid hervor.« Die Knechte werden herzugelaufen sein und dabeigestanden haben. Sie hatten es ja auch alle längst gewünscht, daß der junge Herr wiederkommen möchte. Sie hatten es gewünscht um des Vaters willen und auch um des Jungen willen. Und nun antwortet der Vater auf des Sohnes Bekenntnis mit der Tat. Er sagt nichts zu seinem Sohn. Er wendet sich von ihm zu seinen Knechten und antwortet mit der Tat. Das ist die Vergebung. Er stellt ihn zugleich den Knechten vor als seinen wiedergefundenen, wieder lebendig gewordenen Sohn. Die Knechte sollen nichts hören von dem Bekenntnis, nichts hören von seiner Erniedrigung. Sie sollen eilen, ihn wieder einzukleiden, ihn wieder zu begrüßen als ihren jungen Herrn.

Der Sohn hat seine Sünde bekannt. Der Vater sagt nichts zu ihm. Dem Sohn gilt nur sein Kuß und die Sprache seiner Arme, die ihn umschlingen. Aber in seinem Wort an die Knechte ist alles enthalten. »Dieser mein Sohn war tot und ist wieder lebendig geworden. Er war verloren und ist gefunden worden.« Daraus soll er nun es entnehmen: Zwischen uns wird über das, was hinter uns liegt, nie, *nie wieder* gesprochen. Es ist vergeben. So sieht Gottes Vergebung aus.

Er lief uns entgegen in Jesus, seinem Sohn. Wie Gott die Welt geliebt hat, das können wir sehen am Kreuz. Und wenn uns nun Gott sagt: Es ist um Jesu willen alles vergeben, dann ist es vergeben, und dann haben wir das Recht, das, was hinter uns liegt, zu vergessen. Der Vater wußte, wie schlecht sein Sohn war, und schmückte ihn doch mit allen Ehrenzeichen als seinen Sohn. Das ist Vergebung. Er hat mich angenommen.

Freude der Errettung

>»Sie fingen an, fröhlich zu sein.« (V. 24)

Es war ein großes Gastmahl, das der Vater des verlorenen Sohnes gab, als er ihn wiederhatte. Feierkleider mußten herbei. Das beste Tier im Stall war ihm nicht zu schade. Es war gerade gut genug, das Festmahl zu bereiten, um die Freude des Vaters auszudrücken über die Heimkehr seines Sohnes.

Jesus sagt: »Es ist Freude im Himmel über einen Sünder, der Buße tut.« Man könnte meinen, die in der Herrlichkeit wären gleichgültig uns gegenüber. Wie können sie sich um jeden einzelnen kümmern! Es sind ihrer ja so viele um Gottes Thron, die seinen Namen erhöhen. Aber Jesus sagt uns: Es ist Freude im Himmel bei der Bekehrung jedes Sünders. Der Vater freut sich; »denn er selbst, der Vater, hat euch lieb«, und seine Knechte, die Engel Gottes, freuen sich. Auch bei ihnen bricht der Jubel hervor über jeden Sünder, der Buße tut.

»Dieser mein Sohn war tot.« Wunderbar, wenn Gott die Sünde eines Menschen in die zarten Hände seiner Gnade nimmt! Das war eine traurige Geschichte, das, was mit dem einen Wort umschlossen wird: er war tot. Darüber wäre viel zu sagen. Und die Menschen haben oft eine unwiderstehliche Neigung, ihre eigene alte Sündengeschichte zu erzählen oder in anderer Leute Vergangenheit, auch wenn sie begnadigt worden sind, herumzurühren. Der Vater sagt: »Dieser mein Sohn war tot«, nicht: dieser Mensch war tot, nein, er war dennoch sein Sohn, als er in der Fremde war. Welche Gnade lag darin, daß der Vater vor seinen Knechten den Heimgekehrten alsbald wieder seinen Sohn nannte!

Welche Gnade liegt darin, daß wir, die wir tot sind in Sünde und Übertretung, von ihm angenommen werden sollen an Kindes Statt! Man kann einen Leichnam schmücken, ihm schöne Kleider anziehen, ihm die Stirn bekränzen, ihm die Wangen und Lippen schminken, als wäre er lebendig, und er ist dennoch tot. Der Wurm nagt auch an bemalten Wangen. Die Verwesung wird alles zerstören. So sind wir tot vor Gott, ob wir uns auch lebendig stellen und sehr schön schmücken. Blind sind die Menschen; denn sie können weder die Herrlichkeit ihres Gottes und die Liebe ihres Heilandes sehen noch auch ihr eigenes Verderben erkennen. Taub sind sie; denn sie hören die Warnungen des Wortes Gottes nicht und haben keinen Geschmack an Gottes Liedern. Das ist der geistliche Tod. Es ist Hölle genug, das alles nicht zu haben, was ein Mensch in Gott haben kann.

Aber der tot war, ist wieder lebendig geworden, hat wieder Augen für Gott und Ohren für sein Wort, und sein Herz schlägt an Gottes Herzen. »Er war verloren und ist gefunden worden.« Gefunden! Es heißt hier nicht: *er ist heimgekehrt,* nein, er ist gesucht und *gefunden* worden.

Gottes Liebe geht den Menschen nach, auch wenn sie fern über Land gezogen sind, und wirkt in ihren Herzen und überwindet ihre Herzen. Merkst du das nicht? Es sucht dich einer. Es ist wie beim verlorenen Groschen, der still bestaubt in einer Ecke liegt. Auf einmal werden die Möbel gerückt, eine Hand greift in die Ecke. Es ändert sich manches in deinem Leben. Es kommt Leid und Freud. Eine Hand greift nach dir. Merkst du es nicht? Es sucht dich einer. Es ist wie beim verlorenen Schaf. Ein Licht leuchtet hinter dem verlorenen Schaf her bis ins Dickicht der Wüste. Siehst du es nicht? Eine Schwalbe fürchtete sich vor dem Bauern und fuhr gegen alle Wände, bis sie endlich ermattet niederfiel. Da nahm der freundliche Mann sie auf und trug sie an die Sonne, in die Freiheit. So greift hinter dir eine Hand her und wartet darauf, daß du dich fallen lässest, daß du dich finden lässest. *Es sucht dich einer.*

Sie fingen an, fröhlich zu sein. Der Vater freute sich, und die Knechte freuten sich mit, so wie auch heute sich immer wieder Jesu Jünger freuen und es ein Fest ist für alle Kinder Gottes, wenn wieder einer zum Heiland gekommen ist. Auch der Sohn fing an, sich zu freuen. Er mag anfangs befangen und schüchtern genug dabeigesessen haben. Aber dann fing das Singen an. Auch sein Mund ist »fröhlich gemacht« worden (Ps. 103, 5).

Sie fingen an, fröhlich zu sein. Davon, daß sie aufhörten, steht nichts geschrieben. Es ist eine ewige Freude der Errettung, wenn Sünder selig werden.

Ein kalter Guß

»Aber der älteste Sohn...« (V. 25)

In die wundervolle Erzählung von der großen Freude, die nach der Rückkehr des verlorenen Sohnes ins Vaterhaus eingetreten war, fällt ein Aber. Ein Schatten legt sich über das sonnige Bild. Ein Mißton klingt in die Freude hinein. Gottes Gnade, die Jesus in dem Bild des Vaters uns vor Augen führt, *Gottes Gnade ist ohne Wenn und Aber.* Volle, ganze Gnade, die bedingungslos vergibt und ohne Einschränkung den Verlorenen annimmt. Von der *Menschen* Seite wird ein Wenn und Aber erhoben. Der älteste Bruder im Gleichnis ist der Vertreter der Leute, die sich nicht freuen können, wenn Sünder gerettet werden, und die damit verraten, daß sie selbst von der Gnade noch keinen Hauch verspürt haben.

Der ältere Bruder ist auch ein »verlorener Sohn«. Aber bei ihm steht die Sache noch hoffnungsloser als bei dem, der in die Ferne gezogen war. Man findet solchen »älteren Bruder« in allen Ständen, bei arm und reich, bei hoch und niedrig, oft mit sehr frommen Worten. Der »verlorene Sohn« kam nach Hause, dieser ältere Bruder blieb draußen vor dem Vaterhaus. Jesus hat dies Gleichnis ja gerade zu den Pharisäern gesprochen, zu denen, die darüber murrten: »Dieser nimmt die Sünder an und isset mit ihnen« (V. 2). So ist dies Gleichnis auch für die Pharisäer unter uns.

»Aber der älteste Sohn war auf dem Felde.« Er war im Dienst des Vaters, von Jugend an gut geartet, auf dem Wege der Pflicht geblieben. Es ist nicht geringzuschätzen, wenn ein Mensch nie fern von Gott war. Es ist ein großer Irrtum, daß es etwa nötig wäre, einmal sich gründlich verirrt und in der Sünde gewatet zu haben, um dann die Gnade Gottes zu erfahren. Nein, eine bewahrte Jugend ist eine herrliche Gabe Gottes. Wohl dem, der im innigen Verhältnis der Gemeinschaft mit Gott von frühe an geblieben ist! Mancher denkt wohl: Ich wollte, ich wäre einmal gründlich in die Sünde hineingeraten oder gar tief gefallen, dann würde ich vielleicht zurechtkommen und Buße tun können. Du Eiszapfen! Willst du noch schlimmer sündigen? Meinst du, es sei gottloser, so wie der verlorene Sohn sein Gut mit Prassen durchzubringen und den Vater zu kränken durch seinen Weggang von Hause, als daß du, von Gottes Güte umgeben, durch alle Zeichen seiner Liebe hindurchwanderst jahraus, jahrein und ihm dafür nicht dankst und ihn nicht liebst? Meinst du, das kränke den Vater weniger als die Sündengeschichte des anderen Sohnes? Ihr, die ihr nie einmal niedergekniet seid und habt Gott gedankt, daß Jesus für euch gestorben ist, und lebt unter der Botschaft von der Gnade so kalt und mürrisch dahin, ihr gleicht diesem älteren Bruder, der dem Vater äußerlich so nahe und dennoch so weltenfern war, der immer neben dem Vater ging und doch von ihm innerlich so tief geschieden blieb. Nein, es war gut, daß der älteste Sohn nicht in die Ferne gezogen, sondern treu beim Vater geblieben war. Aber innerlich fehlte ihm darum doch alles, weil er die Liebe des Vaters nicht kannte und nicht erwiderte.

Er hörte das Gesänge und den Reigen, als er vom Felde kam. Da war Gesänge, da war etwas geschehen. Hat man bei euch auch schon einmal das Gesänge gehört? Sind Lieder aufgestiegen, weil einer gläubig geworden ist?

Den älteren Bruder ärgerte schon das Singen, das er hörte. *Der Mann sang überhaupt nicht.* Er ging nicht in den Festsaal hinein. Die Sache war ihm verdächtig. Er rief der Knechte einen zu sich und fragte, was das wäre, und damit wies er verächtlich und geärgert mit dem Daumen über die Schulter nach dem Saal hin. Er war ein Mann der Pflicht, streng und kalt, und es ging ein eisiger Hauch von ihm aus. Solche Leute singen überhaupt nicht. Wir sind, sagen sie, nicht zum Singen da, sondern um unsere Pflicht zu tun und zu arbeiten. Das Leben ist nicht ein Lied, sondern eine schwere Aufgabe. Singen? Das klang ihm schon leichtfertig. Er war sehr fromm und gewissenhaft; aber er war nicht froh, dieser strenge und ernste Mann. O, ihr armen strengen, ernsten Leute, wieviel leichter ginge es mit einem Lied! Aber ihr könnt wohl nicht singen? Nur wer die Gnade kennt, hat ein Lied auf den Lippen!

Ein harter Mann

>»Und als er nahe zum Hause kam, hörte er das Gesänge und den Reigen; und rief zu sich der Knechte einen und fragte, was das wäre.« (V. 25–26)

Alles atmete Freude, alles klang wider von Liedern und Lobgesängen im Hause des Vaters, der seinen verschollenen Sohn wiederhatte, alles war in Sonnenschein getaucht. Nur draußen vor der Tür lag eine schattige Ecke. Da stand ein stummer Mann. Da sah man eine finstere und harte Miene. Der ältere Bruder des Heimgekehrten forschte bei einem Knecht, indem er auf den Lärm des Festes wies, »was das wäre«. Ach, wir kennen ja die harten und scharfen Mienen der Leute, die sich darüber ärgern, wenn sie hören, daß einer sich seines Heilands freuen lernte. Wie kritisch können sie dann blicken! Wie ätzend und spöttisch kann ihre Frage klingen: »Was ist das, Bekehrung? Ich bin mehr für Bewährung! Bewährung ist wichtiger als Singen.« Und was sie sonst noch hinzufügen. Nein, sie können sich durchaus nicht freuen bei der allgemeinen Freude über die Heimkehr des verlorenen Sohnes.

Ratlos stand der Knecht vor diesem harten Mann. Er sah wohl die Wolke des Unmuts auf der Stirn des jungen Herrn, und er wollte nun mit seiner Antwort es möglichst freundlich gestalten und möglichst die Liebe in diesem steinharten Herzen wecken: »Dein Bruder ist gekommen.« Na, das fehlte noch! Da kannte er den älteren Sohn schlecht. Er wollte ihn freundlich stimmen, indem er sagte: dein Bruder! Wie sollte das in ihm nicht alle Gefühle der Liebe wecken? Und er fuhr fort: »Dein Vater hat ein gemästet Kalb geschlachtet, daß er ihn gesund wiederhat.« Ganz harmlos sagte das der Knecht, und auch in seinem Angesicht strahlte die Freude wider, die das ganze Haus ergriffen hatte: Wir freuen uns eben, weil dein Bruder wieder da ist. So einfach war der Bericht und herzandringlich. Sollte der ältere Bruder sich nicht freuen, daß er den jüngeren wiederhatte? Und wenn er sich selbst nicht freuen konnte, sollte er sich dann nicht um des Vaters willen wenigstens mit ihm freuen? Hätte er nicht schon längst allerlei versuchen müssen, um seinen verirrten Bruder in der Ferne zu suchen und zur Heimkehr zu bewegen? Es war doch sein Bruder! Ihm gegenüber konnte er doch nicht gleichgültig sein!

Ein Mann kam von ungefähr hinzu, als bei einem Kanalbau ein Menschenauflauf zu beobachten war, und erfuhr, daß einer von den Arbeitern verschüttet worden war. Auf einmal erkannte ihn einer der Männer unten im Kanal und rief ihm zu: »Hier unten liegt dein Bruder!« Ihr hättet sehen müssen, wie der Mann seinen Rock abwarf und wie schnell er bei den andern Arbeitern war und zur Schaufel griff, um seinen Bruder auszugraben. Es war doch sein Bruder! Hätten nicht ähnliche Gefühle auch den älteren Sohn im Gleichnis bewegen müssen?

»Da ward er zornig.« Mein Bruder? Ich habe keinen Bruder mehr. Ausgesprochen oder unausgesprochen, so war der Sinn seiner Antwort. Wie hart sind wir oft gegen andere! Ich habe keinen Sohn mehr, keine Tochter mehr! So hat mancher Vater sein verlorenes Kind von sich gestoßen. War das recht? Wenn Gott so hart mit uns wäre, wo sollten wir bleiben? Ich beneide dich harten Mann nicht um deine Verantwortung an jenem Tage.

In der Ablehnung des älteren Sohnes lag aber noch mehr. Er ist ein Abbild derer, die sich darüber ärgern, daß ein Sünder nach Hause kommt. Man stößt sich daran, daß solche verkommene Menschen bei Gott angenommen werden, und so schnell und so einfach und so auf einmal! Unsereiner plagt sich ein Leben lang und ist doch nie froh und dessen gewiß, ob er selig wird. Und diese Leute wollen so schnell und einfach und leicht das Heil ergriffen haben?!

Leicht? Ach, sie wissen nichts von der Not des Gewissens vorher und von der tiefen Demütigung. Darum wissen sie auch nichts davon, was es heißt, wenn Gott uns die Last abnimmt, und sie ärgern sich über die Rettung der Verlorenen.

Prüfen wir uns selbst, auch die Jesu Jünger sind: wie manchmal sind wir doch recht kritisch und fast verstimmt darüber, wenn wir einen fröhlich rühmen hören, wie der Herr ihn angenommen hat. Vielleicht besinnen wir uns bald. Aber etwas von dieser mürrischen, stolzen Art steckt in uns allen. Das aber ist gewiß: Wer in dieser Stellung verharrt, die der ältere Bruder einnahm – solche Leute kommen nicht in Gottes Himmel. Im Himmel ist Freude über einen Sünder, der Buße tut. Da kann man keine Leute gebrauchen, die »aber« sagen und zornig werden, wenn ein verlorener Bruder heimkehrt. Daran kann sich mancher prüfen, ob für ihn Hoffnung sei.

Wer sich hier darüber ärgert, daß Sünder gerettet werden, für den ist sicher in Gottes Himmel kein Platz.

Unerhört

> »Er wollte nicht hineingehen.« (V. 28)

Als das Gedränge und der Reigen erscholl im Vaterhaus, weil der Verirrte heimgekehrt und wiedergefunden war, werden sich alle im Hause hinzugedrängt haben. Wer irgend nur konnte, war gern im Festsaal und freute sich mit. Nur der ältere Bruder wollte nicht mit dabeisein. So etwas soll ich Bruder nennen? Einen solchen Menschen soll ich wieder an meines Vaters Tisch begrüßen? Ich danke! Ich will ihn nicht einmal sehen.

Das war wohl das beste für ihn, daß er nicht hineinging. Wäre er in den Saal gegangen, so hätte er sich wahrscheinlich noch viel mehr geärgert, geärgert über das Feierkleid und über den Fingerreif und über die neuen Schuhe und über das geschlachtete Kalb und das Festmahl, besonders wenn er es noch hätte sehen müssen, daß schließlich leise und zaghaft und dann immer freudiger auch der Gefeierte selbst mit angefangen hat, zu singen und fröhlich zu sein. Er hätte es wohl nicht gemerkt, daß sein Bruder erst da Mut bekam, mit einzustimmen, als sie bei Psalm 103 gerade an die Stelle kamen »der dir alle deine Sünden vergibt und heilet alle deine Gebrechen«. Da konnte der Heimgekehrte sich nicht mehr halten. Da mußte er mitsingen.

Gut, daß der Ältere nicht hineinging. Er hätte sich krank geärgert. »Ja, ja, erst darauflos gepraßt und alles Geld vertan und dann so einfach nach Hause kommen und wieder am Tisch des Vaters sitzen, als wäre nichts geschehen, und von Gnade singen! Nein, ich gehe nicht hinein! Das paßt mir nicht.«

Man will gar nichts Genaueres darüber hören. Menschen, die so weit abgeirrt und so in Sünde waren, die wollen jetzt von Vergebung und Gnade und Gotteskindschaft singen – *unerhört!* Ich will sie nicht sehen noch hören.

Unerhört! Ganz richtig, unerhörte Gnade! Die kann freilich nur der verstehen, der sie selbst erfahren hat. »Er wollte nicht hineingehen.« Er blieb draußen. Ich fürchte, solche Leute werden ewig draußen bleiben.

»Da ging der Vater heraus und bat ihn.« Das ist wohl das schönste Wort im ganzen Gleichnis. Das ist *unerhörte Gnade*, die ganz große Liebe. Das ist Gottes Liebe. Eines elenden und verkommenen und verlorenen Sohnes sich annehmen, das ist Liebe und Gnade. Aber wir können das fast noch eher verstehen – denn da spricht doch auch das Mitleid etwas mit –, als daß der Vater um diesen harten und selbstgerechten, unsympathischen, scharfen Mann sich so müht. Das ist übermenschlich, das ist göttlich. Das ist unerhört!

Hier haben wir das herrlichste Wort in dieser ganzen herrlichen Geschichte vom verlorenen Sohn. Will einer je es wissen, was Liebe ist, dann soll er stehenbleiben vor diesem Wort: »Da ging sein Vater heraus und bat ihn«, den harten Mann, der sich nicht freuen will über die Heimkehr des verlorenen Bruders. Dann soll er sich einschließen mit diesem Wort in der Stille: »Da ging sein Vater heraus und bat ihn.« Über diesem Wort soll er seine Knie beugen, mit dieser Stelle seine Tränen trocknen, wenn ihm die Augen übergegangen sind. Das ist Gott. Das ist die Liebe: »Da ging sein Vater heraus und bat ihn.«

Die ganz große Liebe

»Da ging sein Vater hinaus und bat ihn.« (V. 28)

Was hatte der Vater doch für Last mit seinen beiden Söhnen! Mit beiden! Kaum freut er sich über den einen, der von schlimmem Sündenweg heimgekehrt ist und seine Vergebung erbat, da wird des anderen Verlorenheit offenbar. Des anderen, der neben ihm gegangen ist all die Jahre, aber verschlossen, innerlich abwesend, auch verloren wie sein Bruder.

Da kommt der Vater in neue Not, in neue Not der Liebe. Er freut sich des einen, des Wiedergefundenen, und sieht den andern sich entfernen. Soll er sich mit dem einen, dem Heimgekehrten, zufriedengeben? Soll er den andern, der so verständnislos für sein Vaterherz ist, der ihm so unendlich fernsteht und jetzt gerade so bitter wehe tut, gehen lassen? O nein, *ich muß sie beide haben,* meine beiden verlorenen Söhne! So ging er heraus und bat den älteren Bruder. Der Vater will sie beide haben. Und wenn jemand bei der Geschichte vom verlorenen Sohn geglaubt hat, er sei nicht gemeint, so kommt jetzt das Wort auch zu ihm: Der Vater will sie beide haben, alle seine verlorenen Söhne, die verkommenen und die frommen.

Welch eine Liebe klopft in des Vaters Herz! Er hätte doch zornig werden können. Wir wären wahrscheinlich ärgerlich geworden über diese Herzenshärtigkeit, über diesen Pharisäer; aber die Freude über den Wiedergefundenen läßt ihn freundlich sein auch zu dem Zornigen. Der Vater schickt nicht einen Knecht hinaus, er läßt ihn nicht holen und zu sich rufen, nein, er geht selbst hinaus: Komm doch herein! Er erzählt ihm die Geschichte seines verlorenen Bruders, den er doch so lange vermißt hat. Und bei dem Erzählen wird ihm wieder warm. Wenn er vielleicht anfangs fast erschrocken war über die Kälte seines verlorenen Sohnes, über diese Stahlwand von Härte, nun wird er wieder freudig und feurig: Komm! Er bat ihn: »Du solltest fröhlich und guten Mutes sein.«

So hat es der Vater im Himmel auch gemacht. Er ging heraus in Christus, seinem Sohn, und er bat auch die Pharisäer. Er bittet auch die Harten unter uns, die durch all die Liebe Gottes hindurchschreiten, ohne aufzulauschen, alle Jahre in den Festen der Kirche mitten durch die große Liebe hindurchwandern und bleiben kalt und hart. Sollten wir einen Heiland haben, so mußte er so sein, wie hier des Vaters Liebe geschildert wird. Nur solch einen Heiland konnten wir brauchen, der sich durch die Härte des Menschenherzens nicht abschrecken ließ, durch solche unsympathische und selbstgefällige Art. Er mußte nicht nur der Sünderheiland sein, sondern *auch ein Erbarmer für die Pharisäer,* die Harten und Abweisenden. »Er bat ihn.« Vielleicht, daß über diesem Wort solch ein harter Mann zum »verlorenen Sohn« wird.

Ob der ältere Bruder hineingegangen ist, ob er draußen blieb? Und ob die Pharisäer es merkten, daß Jesus mit diesem Gleichnis gerade nach ihrem Herzen griff, mit weichem, zartem Finger an ihre Seele klopfte? Jetzt, in diesem Augenblick gerade, wurde es für sie Wahrheit: »Da ging sein Vater heraus und bat ihn«, jetzt, in diesem Gleichnis, das Jesus gerade ihnen erzählte. Ob sie die offenen Arme sahen, die bittenden Augen, das brennende Herz, das so voll Erbarmen war auch über die, die sich so sicher und stark fühlten und meinten, keines Erbarmens zu bedürfen? Jesus! In diesem Namen hat alle Liebe des Vaters für uns Gestalt angenommen, die Liebe, die nicht den Schmutz der Befleckten scheute, und die noch größere Liebe, die die Stolzen und Selbstgerechten zu sich rief.

Sie haben Liebe so nötig

»Der Vater bat ihn.« (V. 28)

In unserem so wunderschönen Gleichnis ist das Schönste wohl der Satz, in dem beschrieben wird, wie der Vater sich zu dem ablehnenden Wesen seines ältesten Sohnes verhält: »Da ging sein Vater heraus und bat ihn.«

Auch wir, auch die, die die Gnade erfahren haben, sind manchmal so hart gegen andere, so scharf und abweisend und ungeduldig, als hätten wir ganz vergessen, woher wir gekommen sind. Wunderbar, daß durch solches harte und stolze Wesen, dem so gar keine Berechtigung zugrunde liegt, sich Gott nicht verbittern läßt, sondern auch zu uns herauskommt und uns zurechthilft. Er überführt uns unserer toten, liebeleeren Werke, unseres stolzen Herzens und wirkt, daß wir es lernen, uns zu schämen.

Und wie der Vater in seiner Güte den verlorenen Sohn ans Herz drückt und nun auch dem stolzen älteren Bruder freundlich zuredet, so wollen auch wir es lernen, diesen Gang zu tun, und herausgehen und sie bitten. Nicht nur um die ganz tief Gesunkenen sollen wir uns kümmern, sondern auch um die, die gottesfürchtig sind, immer so »fromm« und doch nie froh. Mit ihnen sollen wir sprechen von der großen, großen Liebe.

Uns liegt es näher, wenn wir solche harten, von oben herab urteilenden und absprechenden Leute in ihrem Hochmut den »verlorenen Söhnen« gegenüber sehen, solchen Leuten es saftig herauszugeben, ihnen es einzutränken, wie stolz und fern von Gott sie sind, sie scharf zurechtweisen, diese eitlen und selbstgefälligen Gesellen.

Nein, das ist nicht unsere Aufgabe. Wir sollen Liebe üben und auch dieser verbitterten, hochmütig lächelnden, lästernden Leute uns annehmen. *Sie haben Liebe so nötig.* Hinter dem stolzen Äußeren liegt oft innerlich ein Jammerhaufen. Es ist so öde in ihrem Herzen. Es klingt so kalt in ihren vier Wänden, so hart. Vielleicht können sie nur den Anfang nicht finden. Sie lehnen immer ab und reden immer schroff, und innerlich schluchzt vielleicht ihre Seele und sehnt sich danach, daß ihnen jemand einmal heraushilft aus ihrem harten Wesen und sie den ersten Schritt der Liebe lehrt.

Sie können den Anfang nicht finden. Da *wollen wir den Anfang machen.* Da ist es unsere Aufgabe, ihnen ihr Inneres zu deuten, aber nicht mit dem Gesetz, sondern mit der Liebe. Die gute Botschaft von dem Erbarmen Gottes, wie er zu uns herausgegangen ist, die Geschichte, die da geschehen ist, als Jesus kam, und was es mit seinem Kreuz auf sich hat, daß er auch für die Stolzen und Harten gestorben ist, das wollen wir ihnen erzählen. Sie haben Liebe so nötig! Sie stehen draußen außerhalb des Festsaales ohne Lied, neben der Freude, neben der Feier. *Überall daneben,* wo es froh und freudig hergeht, weil man sich der Gnade Gottes freut. Das sind die Leute, die in selbsterwählter Kälte im Schatten stehen. Wir wollen zu ihnen hinausgehen und sie bitten: »Laßt euch versöhnen mit Gott!« Das ist unsere Aufgabe: *sie bitten* an Christi Statt. Das allein ist unser Dienst, nicht schelten, nicht verurteilen, nicht sie beschämen. Wir sollen sie bitten. »Wer in der Liebe bleibt, der bleibt in Gott und Gott in ihm.« Von dem Vater im Gleichnis wollen wir lernen: »Er ging heraus und bat ihn.« Sie haben Liebe so nötig!

Fromm, aber nicht froh

> »Er sprach zum Vater: Siehe, so viele Jahre diene ich dir und habe dein Gebot noch nie übertreten; und du hast mir nie einen Bock gegeben, daß ich mit meinen Freunden fröhlich wäre.«
> (V. 29)

Der ältere Bruder steht vor uns als ein Abbild der vielen, die immer fromm sind, ehrbar und kirchlich, aber nie der Gnade Gottes froh werden. Sie rechnen Gott vor, wie tadellos ihr Leben doch gewesen sei. »Siehe, so viele Jahre diene ich dir«, sprechen sie selbstgerecht, »und habe dein Gebot noch nie übertreten.« Äußerlich mag das die Wahrheit gewesen sein. Er war ein wirklich »guter« Sohn. So nahe beim Vater, dicht neben ihm stand er sein ganzes Leben und hielt sich an des Vaters Wort und die Ordnung des Vaterhauses, und innerlich war er ihm doch so fremd und fern. Ein ganz anderer Geist beseelte ihn. Äußerlich stimmte es: »Ich diene dir«; aber wie stimmte es innerlich? Diese göttliche Liebe im Herzen des Vaters und diese fast unmenschliche Kälte im Herzen des Sohnes!

So manche Leute sind äußerlich ehrbar in Gottes Geboten geblieben. Sie dienen dem Herrn und sind doch innerlich so weit von ihm ab. Wieviel Bitterkeit kam jetzt aus dem Herzen des älteren Bruders hervor! Die hatte tief im Innern geschlummert. Ja, er diente dem Vater, aber in innerer Verbitterung und mit Groll – Groll gegen *diesen* Vater! –, und sein Herz war nicht bei diesem Dienst. Äußerlich saß er an des Vaters Tisch; aber innerlich rückte er weit von ihm ab. Wie manche unter uns sind äußerlich auch gottesfürchtig! Scheinbar dienen sie dem Herrn; aber innerlich grollen und hadern sie gegen Gott wegen ihrer Lebensführung, daß er ihnen so wenig Freude schenkt. »Du hast mir nie einen Bock gegeben, daß ich mit meinen Freunden fröhlich wäre.« Er hatte den Vater wohl nie um einen Bock gebeten. Nein, das tat er nicht. Dazu war er zu stolz. »Wenn der Vater nicht selbst daran denkt und ihn mir gibt, dann lieber nicht. Ich bitte nicht.« Man kennt diese Leute, die so ernst und pflichttreu sind in ihrem gottesfürchtigen Leben und doch so hart.

Wenn zwischen dem älteren Sohn und dem Vater das rechte Verhältnis gewesen wäre, dann hätte er natürlich auch solche Geschenke von seinem Vater bekommen. Aber nun war er dem Vater entfremdet. »Alles, was mein ist, das ist dein«, das war dem Vater völlig klar. Aber nein, der Sohn machte davon keinen Gebrauch. »Wenn's mir der Vater nicht anbietet, dann behelfe ich mich ohne einen Bock und ohne ein Festmahl meiner Freunde.« Er sprach mit seinem Vater nur das Nötigste, das Pflichtmäßige, das über die Arbeit. Mancher, der Gott dient, wie er meint, spricht mit ihm nur das Nötigste. Es ist kein Herzensverhältnis da. Und wenn man solche Menschen fragt, so erwidern sie: »Ich bete doch jeden Morgen und jeden Abend.« Als wenn mir einer sagt: »Ich rede jeden Tag zweimal mit meiner Frau, jeden Tag.« Hat er sie dann wohl lieb? Der Dienst des Vaters erscheint solchen »älteren Söhnen« sehr schwer. Er war zwar Sohn; aber eigentlich war er Knecht. Er sagt ja auch nicht in der Anrede: »Vater.« Solche Leute sind sehr sachlich und vermeiden jedes überflüssige Wort der Liebe, auch Gott gegenüber. Armer, freudeloser Gottesdienst!

Das sind die Leute, die immer darauf hinweisen, welche Gebote sie nicht übertreten haben. Sie suchen ihr Leben auf dem Kirchhof und vergleichen sich mit solchen, die noch schlechter erscheinen, wie hier der ältere Bruder mit dem jüngeren »verlorenen« Sohn. Sie haben nicht in groben Sünden gelebt. »Mir kann keiner etwas nachsagen.« Ja gewiß, aber sie haben auch die Gemeinschaft mit Gott noch nicht kennengelernt und wissen nicht, was es heißt, Gott dienen.

Daß er mit seinen Freunden fröhlich wäre, dazu hätte der ältere Sohn gern einmal einen Bock gehabt. Mit seinen Freunden! Nicht mit seinem Vater. Bei dem kann er sich keine Freude vorstellen. Solche Leute müssen *möglichst weit von Gott weggehen, wenn sie sich freuen wollen*. Wenn der Vater dabei ist, ist es ihnen kein Genuß. Sie sind innerlich Gott fremd; das ist ihnen keine Freude, was man gottesdienst nennt. Das ist etwas Kaltes, Offizielles, Unpersönliches.

Wie anders der verlorene Sohn! Der wollte keine Freunde und keinen Bock. Dem ging es nur um den Vater. Das war seine Freude, daß er den Vater wiederhatte durch die Vergebung seiner Sünden. Das kennen die andern nicht, und darum sind sie auch neidisch auf das, was die Gnade tut. Und fröhlich sind sie nie, buchstäblich nie. »Du hast mir nie einen Bock gegeben, daß ich mit meinen Freunden fröhlich sei.« *Nie fröhlich?* Ist das dein Fall? Auch bei all deinem

Frommsein und Gott-Dienen? Nie fröhlich? O wie arm ist doch das Leben so mancher Kirchenchristen! Sie leben unter dem Gesetz, fromm, aber nicht froh. Wenn sie die Gnade kennenlernten, die Vergebung finden würden, dann würde die Freude hereinbrechen auch in ihr armes, kaltes Leben!

Eine scharfe Zunge

»Dieser dein Sohn...« (V. 30)

Hart und scharf spricht der ältere Sohn nicht nur gegen den Bruder, der ein beflecktes Leben hinter sich hatte, sondern auch gegen seinen Vater, der ihm sein Leben lang mit Liebe entgegengekommen war. Uns scheint, dieser ältere Bruder hätte gar nicht so sehr lange bei sich selbst nach Sünden zu suchen brauchen. War das nicht Übertretung des göttlichen Gesetzes, daß er in dieser Tonart gegen seinen Vater murrte: »Ich habe dir alle die Jahre treu gedient, und du hast mir nie einen fröhlichen Tag bereitet!«? Gottes Gebot heißt nicht: »Du sollst deinen Vater und deine Mutter *ernähren*«, auch nicht: »Du sollst deinen Vater und deine Mutter *belehren*«, auch nicht: »Du sollst deinen Vater und deine Mutter *bekehren*«, sondern: »Du sollst deinen Vater und deine Mutter *ehren*.« Lag nicht in diesem Wort »dein Sohn« auch eine Anzüglichkeit gegen den Vater? Er hatte eine scharfe Zunge, der älteste Sohn im Hause. Und wie hat sie sich nun erst recht gegen den jüngeren Bruder gewandt! Unbarmherzig und ohne Schonung zieht er dessen Sünden ans licht.

»Dieser dein Sohn ist gekommen.« Wie abweisend und hart klingt schon der kurze Satz: dieser dein Sohn. Er sagt nicht: »Mein Bruder ist gekommen.« Er hat keinen Bruder mehr. Den werde ich nie wieder Bruder nennen, dem nie wieder die Hand geben. Mag der Vater sich so wegwerfen; das ist seine Sache. Ich tue das nicht. Ich will mit dem Menschen nichts mehr zu tun haben.

»Er hat dein* Gut mit Huren verschlungen.« Hören wir recht? War der Mann auch noch geizig? Er hatte doch genug. Aber ihm stand

* Urtext

nur vor Augen, was der andere durchgebracht hatte. Er sagte nicht: *sein* Gut, er sagte: *dein* Gut. Ein großes Stück des Familiengutes war vertan. Das schöne Geld! Das wurmte ihn.

»Er hat es mit Huren verschlungen.« Vorher hieß es in der Erzählung ganz einfach: mit Prassen. Jetzt kommt dies heraus. Der bisherige Bericht hätte es sonst gern zart verschwiegen. Aber der ältere Bruder sorgt dafür, daß das bekannt wird. Wie hart können manche Leute anderer Menschen Sünden aufzählen, die einmal tief gefallen sind! Hier dieser ältere Bruder verklagt seinen jüngeren Bruder. Welche Bitterkeit lebt in seinem Herzen! Das war doch des Vaters Sache, wie der verlorene Sohn sein Gut verpraßt hatte. Was ging das ihn an? Aber das ist die Art solcher »älteren Brüder«.

Weiß jemand auch etwas Derartiges von dir? Die scharfe Zunge eines »älteren Bruders« wird schon dafür sorgen, daß es bekannt und unter die Leute getragen wird. *Gott würde in seiner vergebenden Gnade es still auslöschen. Aber ein Sünder sorgt für des andern Sünders Schande*, auch vor den Leuten. So sind wir Menschen. Das sind die »älteren Brüder«, die so stolz über einen anderen reden, der eine »Vergangenheit« hat. So deuten sie es an. Man kann sich dabei denken, was man will, und hoffentlich möglichst das Schlimmste. Ob er das so ganz genau wußte, daß der andere wirklich mit Huren umgegangen war oder nicht, darüber macht er sich keine Gewissensbisse. »Man weiß ja, wie es dabei zugeht.« So allgemein wird es angedeutet. Und er sagt es möglichst scharf, nicht möglichst milde. »Es wird ja wohl so sein.« So klingt es schon ganz bestimmt. Solche Leute können es sich viel leichter verzeihen, wenn sie zu scharf, als wenn sie zu milde gewesen sind.

Der ältere Bruder kann nicht vergeben und vergessen. Der Vater kann es. Das ist Gott! Die Menschen können nicht vergeben und vergessen und sind oft kalt wie ein Eisberg, fahren scharf einher über des andern Haupt. Aber bei dem Herrn ist viel Vergebung.

Gnade »auf Probe«?

»Du hast ihm ein gemästet Kalb geschlachtet.« (V. 30)

Wie war der Willkomm, der dem verlorenen Sohn durch seinen Bruder entgegengebracht wurde? Waren es zwei offene Bruderarme, die ihn umfingen: Bruderherz, wie lange haben wir auf dich gewartet, gut, daß du wieder da bist, wie wird der Vater sich freuen!? So wäre es recht gewesen. Macht es den »Verlorenen« doch leicht, wenn Gott ihnen vergeben hat, daß sie es merken, ihr seht sie an, als wäre nichts geschehen! Laßt es sie nicht empfinden, daß sie verloren waren!

Der ältere Bruder läßt es den Heimgekehrten und Wiederangenommenen sehr wohl empfinden, daß eine böse Vergangenheit hinter ihm liegt. Er zweifelt an seiner Bekehrung und glaubt nicht an die Umwandlung seines Wesens. Er wird sich wohl nur neues Geld holen wollen und dann wieder auf und davon gehen. Man kennt das ja. Der Vater ist viel zu gutgläubig. Der Vater ist eben kein Menschenkenner.

Wir mißtrauen so oft den »verlorenen Söhnen«. Und manchmal haben wir allen Grund dazu. Aber ob wir dadurch nicht andern schon Unrecht getan haben? Gott glaubt ihnen. Das ist die Hauptsache. Aber wenn wir ihnen so kalt gegenüberstehen und jeden, der sich aus einer befleckten Vergangenheit aufmacht, um Gott zu suchen, mit solchem Mißtrauen behandeln, dann ist das der Grund, warum nicht mehr unter uns aus der Sünde heimkehren ins Vaterhaus. *Gott kann doch neugeborene Kinder nicht in einen Eiskeller setzen!!* Wenn wir so viel Mißtrauen im Herzen hegen und eine solch kritische Haltung einnehmen, wie kann der Herr uns dann in unserem Kreis neubekehrte Menschen anvertrauen? Wie kalt klang es, als ein Sohn, der bis dahin in der Welt gelebt hatte, seinem ehrbaren Vater am Abend nach einer Erweckungsversammlung es bekannte, daß er den Frieden Gottes gefunden habe, und dieser harte Mann kein Wort der Freude noch viel weniger der Ermunterung herausbrachte, sondern nur das schneidend schroffe: »Beweise es!« So macht man verzagten Gemütern nicht Mut.

Der ältere Bruder tadelt auch den Vater: *»Du hast ihm ein gemästet*

Kalb geschlachtet.« Er sagt nicht: »Du hast ihn umarmt und geküßt.« – Was das heißt und bedeutet, Vergebung gefunden zu haben, was das ist, des Vaters Liebe zu empfinden, das weiß er nicht. Daher beneidet er auch den Bruder gar nicht um diesen Empfang beim Vater. Deswegen schilt er den Vater nicht. Nein, daß er das eine gemästete Kalb aus dem Stall dem verlorenen Sohn zuliebe geopfert hat, das wurmt ihn. Mußte denn das sein, das beste Tier im Stall? Überhaupt, mußtest du dich so wegwerfen? Knecht, vielleicht Großknecht hätte er werden können und erst einmal die Probe bestehen müssen. Solche verkommene Leute muß man nicht gleich wieder in alles einsetzen. Du wirst deine Enttäuschung erleben, deine Erfahrungen machen.

Nein, *Gnade ist nicht Gnade auf Probe,* sondern Gnade ist Gnade voll und ganz. Wir Menschen müssen oft vorsichtig sein. Gott durchschaut die Herzen. Und wenn einer aufrichtig seine Vergebung sucht, dann macht er ihm ein Mahl der Freude. Das ist Gnade, die alles, alles zudeckt. Gnade, die auch im Menschen alles neu macht und umgestaltend wirkt. Wenn die »heilsame Gnade« die Hand auf ein Leben gelegt hat, dann wird etwas Ganzes.

Der ältere Bruder erhob sich über den »verlorenen Sohn«. Haben wir dazu ein Recht? Dürfen wir uns über andere erheben? Für Gott gibt es *nur* »verlorene Söhne«. Sie sitzen alle auf einer Bank, der Bank der armen Sünder. Wer nicht auf dieser Bank neben den anderen Verlorenen sitzen will, der braucht sich keine Gedanken darüber zu machen, er kommt gar nicht in Gottes Himmel. Im Himmel gibt es nur ein Lied, das Lied von der Gnade. Im Himmel gibt es nur ein Kleid, das weiße Kleid der Gerechtigkeit Christi für die, die ihre Kleider gewaschen und hell gemacht haben im Blute des Lammes. Das soll unsere Bitte sein:

> »Gnade, mach mich dir zum Preise,
> führe du mich selbst ans Ziel.
> Setz mich dessen zum Beweise,
> was die Gnade kann und will.«

Im Vaterhaus fremd

»Mein Sohn, du bist allezeit bei mir, und alles, was mein ist, das ist dein. Du solltest aber...« (V. 31–32)

Ein Strom von Bitterkeit entquoll dem Herzen des älteren Bruders, als er seines Vaters Freude über die Umkehr des jüngeren Bruders wahrnahm. Er wählt seine Worte spitz und scharf, und aus jedem Zug seiner Mienen sieht man das Feuer verhaltenen Ingrimms hervorblitzen. Sein Stolz ist aufs tiefste verletzt, daß er solch verkommenen Menschen seinen Bruder nennen soll, und er vergißt sich fast in seiner Heftigkeit, auch gegen seinen Vater.

Wunderbar, daß der Vater nicht verbittert und gereizt seine Antwort gibt. Das ist die ganz große Liebe Gottes, die uns darin geschildert wird und mit der Jesus besonders den hartherzigen Pharisäern ans Herz greifen will. »Mein Sohn, du bist allezeit bei mir, und alles, was mein ist, das ist dein.«

Hätte nun nicht der Vater noch viel mehr recht, diesem stolzen Menschen den Sohnesnamen zu entziehen? Hätte er dem Sohn nicht allerlei erzählen können über dessen eigenes liebloses Wesen? Hätte er ihn nicht mit scharfen Worten in seine Schranken weisen können? »Mein Sohn«, er bleibt in der Liebe. Er will ihn an sein Herz ziehen, an das glühende, heiße Vaterherz: »Komm, rede doch nicht so hart über deinen armen Bruder!«

Er spricht noch einmal auf seinen ältesten Sohn ein. O, ein treuer Gott! Er will keinen so leicht aufgeben. Er will uns durchaus nicht verlorengehen lassen. »Du bist allezeit bei mir.« Sollte das dem älteren Bruder nicht die Hauptsache sein? Er hat nicht erfahren, was das Leben in der Ferne bedeutet. Er ist bewahrt worden vor schlimmen Abwegen und Sündenfällen. Bei mir warst du, das ist doch das größte Glück. Ja, wenn das der älteste Sohn gekannt hätte, wenn er mit seinem Vater verbunden gewesen wäre, dann wäre ihm solche harte Sprache gegen seinen Bruder unmöglich gewesen. In der Gemeinschaft mit dem Vater hätte er eine andere Tonart gelernt. Im Umgang mit Gott wird unser Herz liebevoll. Und wer täglich selber von Vergebung lebt und wem es das höchste Glück bedeutet, daß Gott ihn in seine Liebe geschlossen hat und ihm seine Gnade täglich erzeigt, dem wird es nicht schwer sein, auch denen mit Liebe und Herzlichkeit zu begegnen, die von weitem Irrweg nach Hause kommen.

»Du bist allezeit bei mir.« Ja, äußerlich war er bei dem Vater gewesen, aber nicht innerlich. Innerlich war er dem Vaterherzen fremd und *fremd im Vaterhaus*. Er war so ganz anders als der Vater. Der Verkehr mit dem Vater hatte ihn dem Vater nicht ähnlich gemacht, weil er sich innerlich gegen den Vater abschloß.

Bei dir? »Du hast mir nie einen Bock gegeben, daß ich mit meinen Freunden fröhlich sei.« Er will einen Bock haben, ein Festchen mit seinen Freunden. Die Liebe des Vaters ist ihm nicht wichtig. Mit dem steht er am liebsten auf dem Fuß des offiziellen geschäftlichen Verkehrs. Für den verlorenen Sohn war nicht das Kalb, das ihm zu Ehren geschlachtet wurde, die Hauptsache, sondern der Vater, die Liebe, die ihn umfing.

Was hat man davon? Das ist die Frage des natürlichen Menschen. Bei dir? Ist das denn etwas? Man will äußere Vorteile haben. Es soll einem gut gehen. Darum quält man sich mit der Frömmigkeit. Man will wenigstens sich gleichsam versichern für den Todesfall. Darum geht man äußerlich den Weg der ehrbaren Kirchlichkeit. Aber bei Gott sein, Gemeinschaft mit Gott haben? Ist sein Wort denn so schön? Sind seine Lieder denn etwas Besonderes? Soll mir die Gemeinschaft seiner Kinder etwas bedeuten? Solche Leute sind fremd im Vaterhaus. Äußerlich gehören sie zur christlichen Gemeinde. Innerlich sind sie gott-los. »Alles, was mein ist, das ist dein«, sagt ihm der Vater. Das hätte der Sohn ja allezeit genießen können. Aber er war innerlich dem Vater ein Unbekannter. So nahm er auch des Vaters Güte nicht in Anspruch.

Wie arm sind solche Leute! Sie sitzen bei der Quelle und trinken nicht und müssen bei gedecktem Tisch verhungern. Gottes große Güte umgibt sie von allen Seiten. Aber sie haben keinen Zugang zum Vaterherzen, und darum sind sie fremd im Vaterhaus. Jetzt möchte man es dem *älteren* Bruder zurufen: »Verlorenes Kind, komm heim!«

Du solltest fröhlich sein

>»Denn dieser dein Bruder war verloren und ist wiedergefunden.«
>(V. 32)

Im Herzen des Vaters brennt unüberwindliche Liebe. Tieferer Schmerz konnte ihm vielleicht nicht begegnen, als daß er im Überschwang seiner Freude über die Heimkehr seines verlorenen jüngsten Sohnes von seinem älteren Sohn so schroff getadelt und so bitter zurückgewiesen wurde. Aber er läßt sich nicht irremachen in seiner Liebe zu beiden Söhnen. Hat er den einen an sein Herz gedrückt, als er reumütig heimkehrte, so will er auch den andern nicht verloren geben. Noch einmal erzählt er ihm die ganze Geschichte des Heimgekehrten und wird richtig warm dabei. »Dieser dein Bruder war tot und ist wieder lebendig geworden. Er war verloren und ist wiedergefunden.«

»Dieser dein Bruder.« Es ist doch dein Bruder! Sei nicht so hart in deinen Reden, stoße ihn nicht so zurück! Wenn du ihn nicht mehr deinen Bruder nennen willst, *dann bist du nicht mehr mein Sohn;* denn dieser, der Heimgekehrte, *ist* mein Sohn. Die gebeugt heimgekehrt sind, gibt der Vater nicht auf, ob noch so scharfe und stolze Reden der harten, ehrbaren Männer gegen sie fahren. Wenn die Stolzen nicht mit den Geretteten zusammensein wollen, dann müssen sie draußen bleiben. Dann sind *sie* die Verlorenen; denn die Geretteten, die die Gnade angenommen haben, das sind Gottes Kinder.

»Du solltest aber fröhlich und guten Mutes sein.« Es kommt aus des Vaters Herz wieder wie ein warmer Strom der Liebe: Es ging doch nicht anders, wir mußten doch fröhlich sein und uns freuen, als dein Bruder wiederkam, und das ist doch nun auch deine Sache. Du solltest auch fröhlich sein und guten Mutes bei solch herrlichem Tatbestand. Dein Bruder war tot, wirklich tot, und ist wieder lebendig geworden. Er war verloren – weißt du, was das heißt: verloren? – und ist wiedergefunden. Du solltest fröhlich sein.

Das ist wichtig für uns alle. Wir sollen uns freuen, wenn Sünder zurechtkommen und selig werden. Es ist nicht unsere Aufgabe, und wir haben auch nicht einmal das Recht dazu, immer zuerst Bedenken zu äußern, ob es wohl auch echt sei, ob sie sich auch bewähren werden. Das laß doch Gottes Sorge sein! Gott gibt uns das Recht: man soll sich freuen, wenn ein Verlorener den Heimweg sucht. Das ist das Erste und das Wichtigste: sich freuen! Wem vor Augen steht, was der ewige Tod bedeutet, der wird sich freuen, wenn einem das göttliche Leben geschenkt wurde, und ob es sich auch nur sehr zaghaft und schwach erst äußert. Wem es das Herz einmal beschwert hat: »Wir gingen alle in der Irre, ein jeglicher sah auf seinen Weg«, wem einmal das die Klage seiner Tage und Nächte war: »Ich kann nicht nach Hause, hab keine Heimat mehr«, wer einmal empfunden hat, daß er nicht einmal aus sich heraus umkehren und das Vaterhaus suchen kann, der weiß, was es bedeutet: gefunden sein, daß Gott sich um uns gekümmert hat, daß er uns nachging und uns dann endlich in Gnaden annahm. Das ist sein Lied: »Nicht draußen ist mein Los, nein, Jesus ließ mich ein.« Der wird dann auch dankbar und demütig zugleich jedem die Hand reichen, der auch durch die enge Pforte schritt und seines Gottes froh geworden ist.

Der ältere Bruder blieb draußen. Erste werden die Letzten sein, und Letzte werden die Ersten sein. Siehe zu, daß du nicht doch noch verlorengehst trotz deiner Erziehung, trotz deiner Mitgliedschaft im christlichen Verein, trotz deiner Mitarbeit im Reich Gottes und in der Gemeinde! Drinnen klingen die frohen Gesänge der Geretteten, draußen ist das Murren der Hölle, die gegen Gottes Liebe hadert. Der ältere Bruder in unserem Gleichnis ist *wie ein niederbrennendes Haus vor einer aufgehenden Sonne.*

Aber du solltest fröhlich und guten Mutes sein! So darf ich allen denen zurufen, die gefunden haben und gefunden worden sind. Hinter dir liegt die große Schuld, um dich herum stehen schmähende, lästernde, spottende »ältere Brüder«. In dir regen sich bange Zweifel: Ob ich wohl durchhalte und mein böses Herz mich nicht doch noch in den Untergang treibt? Kümmere dich nicht mehr um das alles! Der Vater nimmt dich an. »Mein Heiland hat gesagt, ich sollte fröhlich sein«, so sprich zu deiner Seele und traue dem, der uns »kann behüten ohne Fehl und stellen vor das Angesicht seiner Herrlichkeit mit Freuden« (Jud. 24).

Jesus ist es, der auf dem Weg zu seinem Kreuz dies Gleichnis erzählt hat, und Arme breiten sich nach uns aus, offene, rufende Heilandsarme. Er hat gelitten, damit wir ewig fröhlich sein sollten, damit es ewig wahr würde, was die Pharisäer spottend und grimmig sagten: »Dieser nimmt die Sünder an und isset mit ihnen.«

Paul Humburg

Geb. 22. 4. 1878 in Mülheim am Rhein. Studium der Theologie auf den Universitäten Halle, Erlangen, Bonn und Utrecht. 1906 bis 1909 Pastor in Dhünn, 1909 bis 1919 in der Reformierten Gemeinde in Elberfeld. 1915 bis 1918 freiwilliger Feldprediger beim Armeeoberkommando X an der Ostfront. 1919 bis 1921 Generalsekretär der Deutschen Christlichen Studenten-Vereinigung in Berlin. 1921 bis 1929 Bundeswart des Westdeutschen Jungmännerbundes in Barmen. 1929 bis 1942 Pastor der Evangelisch-Reformierten Gemeinde Barmen–Gemarke. 1934 bis 1942 Präses der Bekenntnissynode der Evangelischen Kirche im Rheinland. 1934 bis 1936 Mitglied der Vorläufigen Leitung der Deutschen Evangelischen Kirche. Vom 1. Januar 1943 an im Ruhestand. Gest. 21. 5. 1945 in Detmold.

Im Elternhaus

Seine erste und wesentliche Prägung verdankte Paul Humburg seinem Elternhaus. Die Eltern wußten sich im Dienst für ihren Herrn Jesus Christus verbunden. Der Vater, ein Fabrikant und Kaufmann, hielt sich mit seiner Familie zu der Freien Evangelischen Gemeinde, ohne aus der Volkskirche auszutreten. Die Mutter stammte aus der Familie Siebel in Freudenberg. Ihre Brüder waren Jakob Gustav Siebel und Walther Alfred Siebel, die das geistliche Leben des Siegerlandes sehr stark mitgeprägt haben. Sie übte einen besonders starken Einfluß auf ihren Sohn aus. »Vor meinem Auge steht das Bild meiner betenden Mutter. Es gehört zu meinen frühesten Kindheitserinnerungen, daß ich in das Wohnzimmer hineingestürmt bin und dort vor ihrem kleinen Nähtisch meine Mutter sitzen sah, die aufgeschlagene Bibel vor sich, die Hände gefaltet auf den Tisch gelegt, mit geschlossenen Augen betend. Sie war sehr zurückhaltend in der Beeinflussung ihrer Kinder mit christlichen Ermahnungen. Um so mehr machte es auf mich einen tiefbewegenden Eindruck, als ich eines Abends den Mut faßte, zu ihr zu gehen und ihr ganz zaghaft zu sagen, ich glaubte vom Heiland angenommen zu sein. Da nahm sie mich mit in ihr Zimmer. Und das einzige Mal in meinem Leben ist da meine Mutter mit mir niedergekniet und hat mich in feierlichem und liebevollem Gebet dem guten Hirten ans Herz gelegt und um Bewahrung und Leitung für mein Leben gefleht.« Paul Humburg war damals 14 Jahre alt.

Humburg besuchte mit seinem Bruder Fritz, dem späteren Vorsitzenden des Reichsverbandes evangelischer Jungmännerbünde, den Jungmännerverein in Mülheim, dessen Vorsitzender sein Vater war: »Uns Kindern wurde von vornherein eingeprägt, daß unsere Heimat sein müßte bei denen, die den Herrn Jesus liebhaben.«

Student der Theologie

Während seines Studiums haben vor allem die Professoren Einfluß auf Paul Humburg gehabt, die ihn in die Heilige Schrift einführten. Das war in Halle Professor Martin Kähler, auf den er sich in seinem späteren Dienst oft und gern berief, und der junge Professor E. F. Karl Müller in Erlangen, bei dem er gründliche biblische Auslegung kennenlernte. Er studierte auch gründlich die Väter des Pietismus Johann Albrecht Bengel und Karl Heinrich Rieger, ferner Karl Martin Roffhack, Pastor in Gemarke, dessen Auslegung des Johannesevangeliums der alte Vater Bodelschwingh zu den für ihn fünf wichtigsten Büchern zählte.

Ebenso bedeutsam war für Humburg während seines Studiums seine Mitgliedschaft in der damals noch jungen Deutschen Christlichen Studenten-Vereinigung (DCSV), bei der er aktives geistliches Leben fand. Er arbeitete sehr treu und fleißig mit, so daß er studentisches Vorstandsmitglied der gesamten Vereinigung wurde. Dadurch lernte er die führenden Leute im Christlichen Studentenweltbund und in der deutschen Vereinigung kennen. Er bekannte später, daß er nächst seiner Mutter Graf Eduard von Pückler, Dr. John Mott und Pastor Alfred Christlieb den nachhaltigsten Einfluß auf sein inneres Leben zu verdanken habe.

Während seines Studiums sammelten sich schon junge Männer um ihn, die er in die Schrift einführte und denen er seelsorgerlich beistand. In Utrecht waren es junge Kaufleute und Arbeiter, die sich regelmäßig bei ihm einfanden.

In der Gemeinde

Seine erste Pfarrstelle hatte Paul Humburg in der Gemeinde Dhünn im Bergischen Land, der Heimat seiner väterlichen Vorfahren. Darüber schreibt er: »Mir war es in meiner ersten Gemeinde ein großer Kampf, mich dazu durchzuringen, diesen feinen anständigen Bauern die Entscheidung zwischen Seligwerden und ewiger Verdammnis zu bezeugen. Wenn man aber diesen Teil der Wahrheit wegläßt, so kann man nicht sagen, das Wort wird seine Wirkung tun. Dann fehlt etwas am Wort.« Humburg predigte eindringlich und entschieden, und Gott schenkte im Anschluß an eine Evangelisation eine Erweckung.

Als er dann in der Reformierten Gemeinde Elberfeld gewählt worden war, setzte er dort seinen Dienst in derselben Weise fort. Über seine Antrittspredigt wird berichtet: »Sein erstes Zeugnis vor der Gemeinde war ein entschiedenes Bekenntnis von dem gekreuzigten Christus.« Seine Gottesdienste waren überfüllt. In dieser Zeit vor dem Ersten Weltkrieg hat seine Verkündigung vielen Menschen den Anstoß zu einem neuen Leben gegeben.

In der Deutschen Christlichen Studenten-Vereinigung

Während des Ersten Weltkrieges nahm Paul Humburg den Auftrag der Deutschen Christlichen Studenten-Vereinigung an, als freiwilliger Feldprediger an die Ostfront zu gehen und dort Soldatenheime zu errichten, in denen die von der Front abgelösten Soldaten Ruhe und Erholung finden sollten. Pastor Walter Michaelis schreibt darüber: »Paul Humburg brachte durch sein lauteres Christentum, seine herrliche Frische und selbstlose Liebe in das Leben der Heime einen tiefen christlichen Ernst und doch einen frohen Zug und wurde den Schwestern und vielen Heimgästen ein treuer Seelsorger und Berater.« Er nahm eine merkwürdig einflußreiche, eine im deutschen Heer wahrscheinlich einmalige Stellung ein. Sehr rasch fand er das Vertrauen der höchsten Kommandostellen als ein Mann, der »nichts für sich selber suchte«. So konnte er etwa 250 Soldatenheime einrichten.

Nach dem Ersten Weltkrieg strömten viele Studenten, die Soldaten gewesen waren, zu den Universitäten, um ihr Studium nachzuholen oder zu vollenden. Es war eine Zeit voller Spannungen, in der viele neu aufkommende Weltanschauungen um die Seelen der jungen Menschen rangen, die einmal führende Stellen in Volk und Staat einnehmen sollten. Damals hielt man Humburg für den richtigen Mann, der die akademische Jugend verstehen und ihr den Weg zum Heil in Jesus Christus zeigen konnte. Er selbst sah in der Deutschen Christlichen Studenten-Vereinigung das »bei weitem wichtigste

Werk des Reiches Gottes in Deutschland« und nahm den Ruf in diesen schweren Dienst an einer kritischen, aber auch suchenden Jugend an. Dabei war er nicht nur Generalsekretär in der Zentrale in Berlin, sondern reiste von einer Universität zur andern, um in persönlichen Gesprächen den jungen Menschen zu helfen und ihnen den Weg zu Jesus zu zeigen. In diesem Dienst gab es für ihn keine Kompromisse.

Mit aller Entschiedenheit wandte er sich gegen noch so ideal oder human verpackte Sünde. Als auf einer Jugendwoche des Bundes deutscher Jugendvereine die religiöse Verklärung geschlechtlicher Zügellosigkeit propagiert wurde, sagte Humburg mit aller Schärfe: »Überbrückt nicht die Kluft, reißt sie auf mit aller eurer Kraft um der deutschen Jugend willen: Nein und tausendmal Nein, wir haben nichts zu tun mit einer deutschen Jugendbewegung, die autonom sich selbst ihre Gesetze geben will und sich damit losreißt von der Autorität des lebendigen Gottes. Ihr seid Gottes Knechte, Gottes Vortrupp sollt ihr sein in der deutschen akademischen Jugend.«

Der Bundeswart

Humburg ist nicht lange Generalsekretär der Deutschen Christlichen Studenten-Vereinigung geblieben. Schon 1921 wählte ihn der Westdeutsche Jungmännerbund zu seinem Bundeswart. Diese größte und älteste Vereinigung christlicher Jungmännervereine befand sich in den Jahren nach dem Ersten Weltkrieg in einer schweren Krise. Die Vereine hatten durch den Krieg viele Mitglieder verloren, während den Mitarbeitern sehr oft die klare Ausrichtung fehlte. Humburg ist damals für den Westbund ein Gottesgeschenk gewesen. Er hatte die Vollmacht und die Geistesgaben, eine nach Halt suchende Jugend auf den rechten Weg zu weisen. Als er in seinen Dienst eingeführt wurde, predigte er über das Wort: »Reinigt euch, die ihr des Herrn Geräte tragt« (Jes. 52, 11). Mit heiliger Entschiedenheit bezeugte er, daß man sich diesem Herrn *ganz* ergeben müsse. Gott krönet kein geteiltes Herz.

Auch in seinem neuen Dienst war er sehr häufig unterwegs. Er schonte sich selbst nicht, wenn es galt, jungen Menschen die Frohe Botschaft zu bezeugen. Oft zitierte er das Wort: »Ein ganzes Schiff voll jungen Lebens ist wohl ein altes Leben wert.« Seine große Familie mußte ihn oft entbehren. Auf Freizeiten, Festen der Kreisverbände und auf sonstigen Tagungen rief er zur Entscheidung für Jesus Christus. Er erwies sich nicht nur als ein bevollmächtigter Prediger, sondern auch als ein begnadeter Seelsorger für junge Menschen. Wie oft hat er mit einem von ihnen unter vier Augen gesprochen! Sie merkten, daß sie zu ihm Vertrauen haben und ihm die Not ihres Lebens sagen konnten. Er half ihnen die Last ihrer Sünde zum Kreuz von Golgatha zu bringen und ein neues Leben in der Kraft Gottes zu wagen.

In der Monatsschrift »Der Ruf« erschienen neben vielen andern Beiträgen von ihm seine Auslegungen vor allem alttestamentlicher Schriftstellen nicht auf den ersten, sondern auf den letzten Seiten, damit sie fester in der Erinnerung haftenbleiben sollten. Sie führten tief in die Schrift hinein. Wie seine Predigten, so waren auch diese Auslegungen schlicht, nüchtern und treffend: »Der Inhalt unseres Zeugnisses muß klar sein. Darum haben wir so oft nicht die erwünschte Frucht bei unserer Arbeit, daß Gottes Geist die Herzen ergreifen und erfüllen kann, weil unser Zeugnis nicht klar ist, sondern wir die Seelen hinhalten in ungewissen Redensarten, in Andeutungen, mit Stimmungen und Empfindungen. Sagt doch klar, um was es geht, ihr Brüder: gerettetsein oder verlorengehen. Das ist das Zeugnis, das der Geist Gottes fordert, darüber kann Gottes Geist die Herzen ergreifen. Sonst halten wir die Seelen auf.«

Wieder in der Gemeinde

Im Jahre 1929 ließ sich Paul Humburg zum Pastor der Reformierten Gemeinde Barmen-Gemarke wählen. Er war jetzt 51 Jahre alt. Bis zu seiner letzten Krankheit und Ausbombung hat er der Gemeinde gedient. Hier wollte er nichts anderes sein als der Pastor, der in seinem Pfarrbezirk wie jeder andere Pastor seinem Dienst nachgeht, der Hausbesuche macht und alle ihm vom Presbyterium aufgetragenen Dienste ausführt. Auch jetzt war es wieder seine Predigt, die große Scharen unter seiner Kanzel vereinigte. Sie spürten, mit welch suchender Liebe er ihnen die Frohe Botschaft verkündigte. Als er im Jahre 1943 schon zu schwach war und nicht mehr predigen konnte, ließ er seine Brüder im Amt mit den Worten grüßen: »Predigt deutlich vom Seligwerden und Verlorengehen, daß es jeder versteht.«

Was ihm die Gemeinde Gemarke besonders lieb machte, war die Gemeinschaft mit den Brüdern. Das wurde in der Zeit des Kirchenkampfes besonders deutlich. Er wußte und merkte, daß die Gemeinde und besonders das Presbyterium in den schweren Entscheidungen, die er als Präses der Bekenntnissynode im Rheinland und als Mitglied der vorläufigen Leitung der Deutschen Evangelischen Kirche zu treffen hatte, mit ihrer Fürbitte hinter ihm standen. Vor allem schätzte er den Bruderkreis der Gemarker Pastoren, in dem er sich nach den oft anstrengenden Sitzungen in Berlin oder Düsseldorf aussprechen und mit dem er beten konnte.

Im Kampf um Evangelium und Bekenntnis

Als Paul Humburg im Frühjahr und Sommer des Jahres 1933 erkannte, daß die Deutsche Evangelische Kirche von Anhängern des Nationalsozialismus gleichgeschaltet werden sollte, hat er sofort in der Gemeinde mit den andern Pastoren und dem Presbyterium Widerstand geleistet. Er rief die Gemeinde auf, sich durch die großartigen Versprechungen, die Kirche zu volksmissionarischem Einsatz aufzuwecken, nicht irremachen zu lassen. In seinen Predigten, Bibelstunden und Vorträgen wies er mit aller Deutlichkeit darauf hin, daß die alleinige Geltung des Wortes Gottes bedroht sei, und warnte vor aller Schwärmerei, der damals nicht wenige Christusgläubige verfielen. So war es kein Wunder, daß der Gauobmann der sogenannten »Deutschen Christen« ihn schon im Sommer 1933 vom Amt beurlaubte und ihm mit Verhaftung drohte. Humburg hat aber seinen Dienst ruhig weiter getan.

Die Brüder, die hin und her im Land Widerstand gegen den Einbruch nationalsozialistischer Ideologien und Gewaltmaßnahmen leisteten, kamen zusammen und verbanden sich zu gemeinsamem Handeln. In diesen Kreisen trat Humburg immer mehr hervor, da sein Wort von geistlicher Vollmacht getragen war. Auch seine Gabe der Leitung gerade in einer so schweren Zeit wurde immer mehr von den Brüdern erkannt und anerkannt. Seine Predigten und Vorträge wurden gedruckt oder vervielfältigt und fanden weite Verbreitung. Sie stärkten die Brüder und Schwestern, die allein standen, und gaben ihnen neue Freudigkeit, in dem ihnen verordneten Kampf nicht müde zu werden. Am 18. März 1934 sagte er auf dem Rheinisch-Westfälischen Gemeindetag »Unter dem Wort« in der Westfalenhalle in Dortmund vor 25 000 Zuhörern im Anschluß an Galater 1, 8: »Aber so auch wir oder ein Engel vom Himmel euch würden Evangelium predigen anders, denn das wir euch gepredigt haben, der sei verflucht!« – »Das ist eine völlig unsympathische, unangenehme, ja ärgerliche Botschaft, die dem natürlichen Menschen unerträglich ist, daß wir uns durch einen andern sollen retten lassen.

Aber es ist die Botschaft der Heiligen Schrift Alten und Neuen Testaments, an die wir gebunden sind.« Und zum Schluß hob er in diesem Vortrag hervor: »Jesus hat uns diesen Kampf verordnet, und wir setzen unsere Kraft und unser Leben dafür ein, daß die Botschaft rein und lauter erhalten bleibt: Er ist für alle gestorben.«

Im August 1934 wurde Humburg von der Rheinischen Bekenntnissynode zu ihrem Präses gewählt. In dieser Wahl kam das große Vertrauen zum Ausdruck, das ihm allgemein in der Bekennenden Kirche des Rheinlands entgegengebracht wurde. Er nahm die Leitung »um Jesu willen« wahr, wie er in diesen Jahren öfter betonte. Kirchenpolitik lag ihm nicht. Sie entsprach nicht seinem seelsorgerlichen Auftrag. Er hatte das Amt angenommen, um seinen Brüdern zu dienen. Bei den Sitzungen des Rates der Bekennenden Kirche im Rheinland, die er zu leiten hatte, »hielt er meist eine kurze Andacht, oft über die Tageslosung, oft auch über ein Wort, das ihm gerade im Blick auf eine zur Entscheidung stehende Frage wichtig geworden war. Er betete mit uns, einfältig wie ein Kind, voll Glaubenszuversicht in die Führung des Vaters, im Trauen auf seine Verheißung. In seine Fürbitte wurde alles eingeschlossen, was uns bewegte. Hier taten wir einen Blick in die Brunnenstube seiner Kraft. An ihm konnten wir es erkennen, wie Gottes Kraft in Schwachheit mächtig ist. Denn er war einer, der in viel Schwachheit stark war« (Joachim Beckmann).

Eine neue Last wurde ihm auferlegt, als er im November 1934 zum reformierten Mitglied der »Vorläufigen Leitung der Deutschen Evangelischen Kirche« gewählt wurde. Der spätere Bischof Otto Dibelius sagte von Humburg: »Wir hatten ein unbegrenztes Vertrauen zu seiner seelsorgerlichen Vollmacht.« In diesem Amt, das sehr an seinen Kräften zehrte, ist er bis zum Februar 1936 geblieben.

Von den Bedrohungen und Gefahren, denen damals die Brüder in leitender Stellung ausgesetzt waren, weiß man heute kaum noch etwas. Die Geheime Staatspolizei Hitlers beobachtete Humburg auf Schritt und Tritt. Sie hat ihn oft verhört und Haussuchungen bei ihm gehalten. Er wandte sich oft mit aller Entschiedenheit gegen jedes Unrecht und setzte sich dafür ein, daß nicht nur in der Kirche, sondern auch im Staat das Recht geachtet wurde. Öfter ist er verhaftet worden und hat einige Male in Gefängnissen zubringen müssen. Aber das alles konnte die Gewißheit, den rechten Weg zu gehen, nicht erschüttern. Sein Glaube wankte nicht. Sein Bekenntnis fand in dem Siegel der Bekennenden Kirche im Rheinland, das auf seinen Vorschlag angenommen worden war, beredten Ausdruck. Die Umschrift dieses Siegels lautet: »Teneo, quia teneor« (»Ich halte fest, weil ich gehalten werde«).

Wie er zu seinen Verfolgern und Bedrängern stand, zeigt ein Brief, den er in der turbulenten Zeit des Herbstes 1935 an den Reichsminister für die kirchlichen Angelegenheiten Hanns Kerrl geschrieben hat. In diesem Brief heißt es unter anderem: »Sie werden bei Ihrer Arbeit für die Kirche Jesu Christi immer tiefer in die furchtbar ernste Entscheidung hineingezogen werden, in die der Mann vom Kreuz jeden hineinführt, der es mit ihm zu tun hat, in ein Entweder-Oder: Gott oder die Welt! Das wird eine sehr einsame Sache für Sie werden. Es ist mein Gebet, daß Gott Ihnen in der Stunde der Entscheidung die übermenschliche Kraft gebe, Jesus zu wählen und das ewige Leben und nicht die Welt und ihre Ehre. Die Welt ist ein harter Herr, der uns in zeitliche und ewige Unruhe stürzt und uns zu Tode hetzt. Jesus ist kein armer König. Seine Gabe ist der Friede Gottes, nach dem unser Herz sich sehnt.«

Humburgs Predigten fanden in dieser Zeit eine noch weitere Verbreitung und dienten vielen zur Stärkung und Aufrichtung. Bekanntgeworden ist vor allem die »Knospenfrevelpredigt«, die er am 3. Mai 1936 in der Gemarker Kirche über Jesaja 40, 26–31 hielt. In Wuppertal, wie auch sonst, waren 14jährige Jungen und Mädchen vereidigt worden. Die Kinder mußten versprechen, »dem Führer unbedingten Gehorsam zu leisten und nie vom Führer und der Fahne abzufallen«. Dazu sagte Humburg in seiner Predigt: »Die Gemeinde des Herrn muß in ihrer Versammlung von sich aus feierlich gegen solche Behandlung der Kinder Einspruch erheben. Eine solche Massenverpflichtung unmündiger Kinder ist eine Herabwürdigung des Eides und zugleich eine Vergewaltigung der Kinder. Das ist Knospenfrevel!« Mehr als 200000 Exemplare wurden von dieser Predigt verbreitet. Obwohl die Geheime Staatspolizei ihre Verbreitung verbot, wurde sie weiter gedruckt oder abgeschrieben und unter die Leute gebracht.

Am Ende des Jahres 1936 schrieb Humburg ein Wort an die Glieder der Bekennenden Kirche, das auch heute aktuell ist: »Die Kirche Christi selber ist ein Jubelruf mitten in der Welt des Verderbens. Er ist der Meister, wir sind sein! Wir sind der guten Zuversicht, daß über all den Worten, die an unser deutsches Volk ergehen, auch in Zukunft sich Herzen und Ohren auftun werden für sein Wort. Damit freilich sind wir im Kämmerlein angekommen. Die Entscheidungen, die da fallen müssen, kann kein Menschenauge nachprüfen. Zuschanden wird jeder, der nicht Wurzel hat im ewigen Land und dem nicht der tägliche Zugang zum Gnadenthron geschenkt wird. Eine klingende Schelle und ein tönendes Erz muß der sein, dem nicht Gott täglich sein Wort in den Mund legt. Und das will erbeten sein. Das ist die Frage, ob in den Studierstuben der Pfarrer, ob in dem Kämmerlein der Brüder und Schwestern der Gemeinde ein Geschrei aufsteigt zu dem Meister: Wir verderben! In uns ist keine

Kraft. Aber wir werfen uns mit all unserer Ohnmacht, mit all unserer Sünde, mit all unserer Blindheit und Unzulänglichkeit allein auf dich. Meister, wir verderben! Nein! Weil du unser Meister bist, so werden wir nicht verderben. Wir halten durch, weil wir gehalten werden!«

Vor dem Tor der Ewigkeit

In den letzten Jahren vor seinem Heimgang mußte Paul Humburg noch durch viele und schwere Krankheitsnöte hindurchgehen. Seine Kräfte ließen immer mehr nach, so daß er seinen Dienst nicht mehr so ausüben konnte, wie er es früher getan hatte. Aber diese Zeit, in der er eine Aufgabe nach der andern abgeben mußte, benutzte er zur Fürbitte. Am 30. Mai 1943 erfolgte der furchtbare Fliegerangriff auf Barmen, bei dem auch das Pfarrhaus, das ihm so liebgeworden war, vollständig zerstört und ausgebombt wurde. Nun hatte er kein Heim mehr. Seine geliebte Gemeinde war fast vollständig zersprengt. Auch mußte man mit neuen Fliegerangriffen rechnen. So fand er zunächst in Süddeutschland ein Unterkommen, dann in Ostfriesland und zuletzt im Diakonissenkrankenhaus in Detmold. Das linke Bein mußte amputiert werden, auch das Augenlicht wurde ihm nach und nach genommen. Wenn ein Besucher zu ihm kam, bat er: »Sag mir ein Wort aus der Bibel!« Wenn er gefragt wurde, ob er noch einen Wunsch habe, antwortete er: »Mein Wunsch ist einfach: ich möchte heim.« Dieser Wunsch wurde ihm am 21. Mai 1945 erfüllt.

Er hatte bestimmt, daß auf seiner Todesanzeige der Vers von Gerhard Tersteegen stehen sollte:

> »Was wird das sein! Wie werden wir
> von ewger Gnade sagen:
> wie uns dein Wunderführen hier
> gesucht, erlöst, getragen!
> Da jedes seine Harfe bringt
> und sein besondres Loblied singt.«

Robert Steiner

Ebenfalls von Paul Humburg

Sein Rat ist wunderbar
Herausgegeben von Arno Pagel
TELOS-Paperback Nr. 1217, 278 Seiten

In diesem Band sind die seit langem vergriffenen Schriften zusammengefaßt:

Ewige Erwählung
Die Versöhnung durch das Kreuz Christi
Am Anfang – ein Ruf Gottes aus den ersten Büchern der Bibel
Von Grund aus edel – Betrachtungen über Daniel 6
Frühlingstage der Gemeinde – Apostelgeschichte 2–6

Paul Humburg ist ein Mann, dem es um eine Sache geht: um das Evangelium, das Gottes Kraft zur Rettung von Sündern ist. Es geht ihm darum, einen Namen, eine Person zu bezeugen, groß und herrlich zu machen: Jesus Christus.

Vor allem aber liegt ihm daran, unser Herz und Gewissen zu treffen, zu beunruhigen, zu ermutigen und zu trösten. Es geschieht begnadete Seelsorge, in deren Verlauf Gott gepriesen und der Heiland groß gemacht wird.

Verlag der
Francke-Buchhandlung GmbH
Marburg an der Lahn

Zwei Bücher von Arno Pagel

Mütter
Edition C, Nr. C 83, 155 Seiten

Dieses Buch berichtet von Müttern, deren Leben, Wirken und Gebetstreue sich gesegnet in ihren Familien und darüber hinaus ausgewirkt hat.

Wilhelmine Funcke –
die Mutter des bekannten Schriftstellers Otto Funcke

Hulda Humburg –
die Mutter von Paul Humburg, einer der eindruckvollsten Gestalten der bekennenden Kirche aus der Zeit des Dritten Reiches

Rosalie Hahn –
die Mutter des baltischen Märtyrers Traugott Hahn

Marie Hesse –
die Mutter des Dichters und Nobelpreisträgers Hermann Hesse

Beate Paulus –
deren Vater Philipp Matthäus Hahn und Großvater Johann Friedrich Flattich Originale des schwäbischen Pietismus waren

Friederike Hofacker –
die ihren Sohn Ludwig, den bekannten württembergischen Erweckungsprediger, in seiner langwierigen Krankheitszeit mit unermüdlicher Liebe und Treue begleitet und gepflegt hat

Es hat sie nicht gereut
Edition C, Nr. C 199, 162 Seiten

Ein weiteres Buch mit Lebensbildern von Frauen

Wer sind die Dargestellten?

Elisabeth Krieger geb. Busch –
eine Schwester der bekannten Christuszeugen Wilhelm und Johannes Busch

Amalie Sieveking –
die Freundin der Hamburger Kranken und Armen

Catherine Booth –
die »Mutter der Heilsarmee«

Wilhelmine Fischbach –
eine schlichte Siegerländer Tagelöhnerin

Marie Waldersee –
die Gattin eines Generalfeldmarschalls

Marie Schlieps –
eine Diakonisse aus dem Baltenland, die im Dienst an ihren Mitschwestern das Wort aus 1. Johannes 3, 16 praktizierte: »Daran haben wir erkannt die Liebe, daß er sein Leben für uns gelassen hat; und wir sollen auch das Leben für die Brüder lassen.«